Vencendo Aflições Alcançando Milagres

MÁRCIO MENDES

VENCENDO AFLIÇÕES ALCANÇANDO MILAGRES

22ª edição

Editora Canção Nova

Coordenação Editorial: Iara Rosa da Silva
Capa: Márcio Mendes
Diagramação: Miriam de Melo Francisco
Revisão: Rita Lopes

Dados Internacionais de Catalogação na Publicação (CIP)
(Câmara Brasileira do Livro, SP, Brasil)

Mendes, Márcio
Vencendo aflições alcançando milagres. -- 22. ed. -- São Paulo : Editora Canção Nova, 2008.

ISBN 978-85-7677-029-9

1. Deus - Amor 2. Esperança 3. Espiritualidade 4. Milagres 5. Sofrimento 6. Vida cristã I. Título.

06-1039 CDD-248.86

Índices para catálogo sistemático:
1. Aflições : Vitória : Vida cristã :
Cristianismo 248.86

Editora Canção Nova
Rua São Bento, 43 - Centro
01011-000 São Paulo SP
Telefax [55] (11) 3106-9080
e-mail: editora@cancaonova.com
vendas@cancaonova.com
Home page e vendas: www.cancaonova.com

ISBN: 978-85-7677-029-9

Deus não escolhe capacitados,
mas capacita seus escolhidos

Albert Einstein

SUMÁRIO

PREFÁCIO

UM APÓSTOLO DE CORAGEM

Quando o Márcio me pediu para fazer a apresentação deste seu livro, eu me senti muito honrada; além de lhe querer muito bem, ele é para mim alguém que sabe o que quer; é um homem de Deus, é inteligente e determinado no que faz.

Eu o retrato em uma frase de Einstein que ele mesmo cita neste livro: "Deus nos fez perfeitos e não escolhe os capacitados, mas capacita os escolhidos. Fazer ou não fazer algo só depende da nossa vontade e perseverança".

É dessa forma que tem sido a trajetória cristã do Márcio, a partir do seu encontro pessoal com Deus. Ele, quando mais jovem, cursava a Escola Preparatória de Cadetes da Aeronáutica. Foi quando sentiu o chamado forte para seguir Jesus. Sem olhar para trás, ele deixa tudo para servi-lo. Despede-se da família, abandona seus planos pessoais com a única certeza: "Deus vai à minha frente; Ele luta por mim".

Posso dizer, porque eu conheço o Márcio, ele é um apóstolo da coragem. Ele garante com a sua experiência: "Nunca tenha medo de Deus! O amor do Senhor torna o homem invencível, porque o assiste e fortalece de tal maneira que, mesmo que a situação o venha prejudicar, ele não é derrotado".

Ao percorrer estas páginas, veio-me a lembrança do ditado popular que indica que "Deus ajuda a quem cedo madruga", pois é dessa maneira que o Márcio nos convida a posicionar ante os problemas da nossa vida.

Aqui vamos ver que Deus tem para nós muito mais do que imaginamos.

Vamos aprender que Deus aguarda somente que nos coloquemos em ação.

À medida que penetramos nos capítulos deste livro, nos vão sendo oferecidas belas chaves de ação. Essas chaves são acompanhadas de orações para cada diferente situação. Portanto, quando colocadas em prática, tornam-se poderosos instrumentos para a ação milagrosa de Deus.

Suavemente, vamos sendo convidados a experimentar que há uma força dentro de nós capaz de mover tudo para a nossa felicidade.

O impossível, para Deus, não existe, uma vez que é Sua vontade. Ele sempre conserva uma porta aberta por onde entramos.

É por isso que vale a pena acreditar e ousar na proposta do livro *Vencendo Aflições — Alcançando Milagres.*

Além de tudo ele nos oferece Maria como modelo de fé. Pelo poder de Deus, ela soube vencer o medo; pela fé, acreditou que para Deus tudo é possível.

Assim, você encontra aqui o que o Márcio aprendeu bem cedo em sua vida.

A vida é uma luta! O que faz a diferença é a fé!

Com a ajuda de Deus, o impossível se torna realidade.

"Se você procura a felicidade, vai se iludir e cair em mil armadilhas, mas, se você procura a Deus, a felicidade é que vai encontrar você."

É mais uma chance para ser feliz!

Luzia Santiago
Comunidade Canção Nova

Um

AOS QUE SOFREM EM ESPERAR

A maioria das pessoas acredita em coincidência, mas a vida foi me mostrando que nada é por acaso, que não cai um fio de cabelo sem que Deus o saiba.

Não tenho dúvidas de que este livro é para você. Ele pode ter chegado a suas mãos de muitas maneiras: emprestado, ganhado, achado em algum lugar ou até mesmo comprado por você. Mas uma coisa é certa: foi o próprio Jesus quem o colocou em suas mãos, porque o ama e se interessa por você.

Há algumas coisas que Deus quer que você saiba. Ele o tem visto ocupado, com a cabeça sempre cheia. Também o tem visto algumas vezes triste e cansado. Deus quer falar com você.

As coisas podem ser diferentes.

Pode ser que, muitas vezes, você tenha dificuldades em escutá-lo e por isso acaba acreditando que Ele não ouve as suas orações. O Senhor tem coisas para lhe falar, perguntas suas para responder. Ele também quer escutá-lo.

Se você quer que Deus o ouça, então procure escutá-lo primeiro. O Senhor quer fazer mais do que ouvir: quer lhe dar uma prova do que Ele pode fazer em seu favor, quer abastecê-lo com a sua graça.

Esteja preparado! Porque o que Deus tem para você vai além do que imagina. E antes mesmo de terminar estas páginas você já terá feito uma experiência que superará suas expectativas. Deus é bom, e o que Ele tem para você é maravilhoso! Deixe que Ele lhe mostre!

Não se trata de aprender mais coisas, e sim de fazer uma experiência. Você irá experimentar a Deus! De uma maneira diferente, mas muito concreta, você irá tocar o Senhor. Experimentará o que muitos chamam de poder de Deus e que eu chamo de "Amor misericordioso do Senhor que atua salvando e curando" todos os que dEle precisam.

Deus pode tudo! É Ele quem virá ao seu encontro. O que digo, não digo por mim mesmo. Foi o próprio Senhor quem nos assegurou: "Eu vos darei um coração novo... e um espírito novo". Deus está disposto a lhe fazer isso, hoje.

Eu tenho certeza de que Ele não falhará com você. Acredito que sua vida jamais será a mesma depois de tê-lo deixado agir em seu coração. Não se preocupe. Você verá com os seus próprios olhos como Jesus tem o poder de libertar de toda tristeza, do sentimento de vazio e de devolver o sentido à vida dos que o buscam com fé. Eu mesmo experimentei e tenho visto isso se realizar na vida de tantas pessoas. Uma vida completamente diferente, mais rica e mais feliz. É o que o espera, é o que Deus tem para você.

DEUS NÃO DESISTIU DE VOCÊ

Havia um homem muito rico, que possuía muitos bens: uma grande fazenda, muito gado, vários empregados. Tinha ele um único filho que, ao contrário do pai, não gostava de trabalho nem de compromissos. O que ele mais gostava era de festas, estar com seus amigos e de ser bajulado por eles.

Seu pai sempre o advertia de que seus amigos só estavam ao seu lado enquanto ele tivesse o que lhes oferecer, depois o abandonariam. Os insistentes conselhos do pai retiniam aos ouvidos, mas ele logo se ausentava sem dar o mínimo de atenção.

Um dia, o velho pai, já avançado na idade, disse aos seus empregados para construírem um pequeno celeiro onde ele mesmo fez uma forca. Junto a ela, colocou uma placa com os dizeres: "Para você nunca mais desprezar as palavras de seu pai".

Mais tarde, chamou o filho, levou-o até o celeiro e disse:

— Meu filho, eu já estou velho! Quando eu partir, você tomará conta de tudo o que é meu, e sei qual será o seu futuro. Você vai deixar a fazenda nas mãos dos empregados e irá gastar todo dinheiro com seus amigos, irá vender os animais e os bens para se sustentar, e, quando não tiver mais dinheiro, seus amigos vão se afastar. Quando você não tiver mais nada, vai se arrepender amargamente de não ter me dado ouvidos. É por isso que eu construí esta forca. Sim! Ela é para você. Quero que me prometa que, se acontecer o que eu disse, você se enforcará nela.

O jovem riu, achou absurdo, mas, para não contrariar o pai, prometeu, mesmo pensando que jamais isso pudesse ocorrer.

O tempo passou, o pai morreu, e seu filho tomou conta de todas as coisas, mas, como se havia previsto, o jovem gastou tudo, vendeu os bens, perdeu os amigos e a própria dignidade.

Desesperado e aflito, começou a refletir sobre a sua vida e viu que havia sido um tolo, lembrou-se do pai e começou a chorar e dizer:

— Ah! meu pai. Se eu tivesse ouvido os seus conselhos, mas agora é tarde, é tarde demais.

Pesaroso, o jovem levantou os olhos e ao longe avistou o pequeno celeiro, era a única coisa que lhe restava.

A passos lentos se dirigiu até lá. Entrando, viu a forca, a placa empoeirada e disse:

— Eu nunca segui as palavras do meu pai, não pude alegrá-lo quando estava vivo, mas pelo menos esta vez vou fazer a vontade dele, vou cumprir minha promessa; não me resta mais nada.

Então subiu nos degraus, colocou a corda no pescoço e disse:

— Ah! se ao menos eu tivesse uma nova chance...

E pulou, sentiu por um instante a corda apertar sua garganta, mas o braço da forca era oco e quebrou-se facilmente. O rapaz caiu no chão, e sobre ele caíram jóias, esmeraldas, pérolas, diamantes; a forca estava cheia de pedras preciosas e um bilhete que dizia: "Essa é a sua nova chance. Eu o amo muito! Seu pai".

Deus jamais desistirá de você. Ainda que a sua vida tenha chegado ao fundo, você não precisa de uma forca para resolver o problema, porque o Senhor está ao seu lado.

Se um pai, depois de ter vivido tantas decepções e de ter seus bens esbanjados, é capaz de dar uma nova chance ao seu filho, quanto mais Deus... vai lhe dar uma vida inteiramente nova se você quiser. Quem se afasta de Deus caminha para o desespero, mas quem O acolhe não será atingido pela desgraça.

Deus já esgotou as joalherias do céu para lhe dizer que o ama e o perdoa! Esta é a sua nova chance. A única coisa que você precisa fazer é aceitá-la. Alguns dizem que é uma loucura confiar em Deus. Porém, não é uma loucura ainda maior confiar em si mesmo ou nos demais homens? O Senhor espera que você confie nEle. A águia, quanto mais alto voa, mais perto fica do sol. Da mesma maneira, a alma, quanto mais confia, mais unida está a Deus. Abra seu coração e deixe-O agir!

Você verá o Senhor substituir pelo Seu amor, Seus dons e Sua graça todas as pedras e espinhos que feriam seu coração e o faziam infeliz.

EXPULSANDO A INFELICIDADE

"Afasta a tristeza para longe de ti, pois a tristeza matou a muitos e não há nela utilidade alguma" (Eclo 30,24-25). Quando uma pessoa deixa de se sentir amada, ela começa a ser infeliz. A infelicidade é uma venda que, colocada sobre os olhos, impede-nos de perceber até mesmo o bem mais evidente.

Sei da história de um homem que fez esta experiência. Ele caminhava à beira do mar, era noite e a lua estava cheia. Ele, porém, só conseguia se concentrar em suas insatisfações e pensava: "Ah! se eu tivesse um carro novo, aí, sim, eu seria feliz! Se tivesse uma casa melhor, seria feliz; se tivesse um emprego excelente com um bom salário, seria feliz; se encontrasse a mulher ideal, seria verdadeiramente feliz... E, distraído com seus pensamentos, acabou tropeçando em uma caixinha cheia de pedras.

Ele foi jogando, uma a uma, as pedrinhas no mar a cada vez que dizia: "Eu seria feliz se tivesse...". Por fim só restou uma pedra na caixa. Resolveu guardá-la.

Quando chegou em casa, percebeu que se tratava de um diamante preciosíssimo. Ele simplesmente jogara ao mar inúmeros deles sem sequer parar para pensar.

Assim fazem as pessoas que jogam fora os dias de sua vida em busca de ilusões. Infelizes por não possuir aquilo que julgam perfeito e que pensam ser a causa de sua realização, desejam o que não têm e não valorizam o que Deus lhes deu. Se levantassem os olhos para o céu... se ao menos olhassem à sua volta e observassem, perceberiam que estão cercadas de tesouros e que muito perto está a felicidade.

Os problemas e coisas desagradáveis que constantemente acontecem em nossa vida, Deus se serve deles para nos desprender deste mundo e nos colocar no caminho que leva ao céu e que sacia todos os nossos desejos.

Cada dia vivido é um tesouro incalculável, valioso, insubstituível. Só você pode aproveitá-lo ou lançá-lo ao mar.

A infelicidade cega, suja e envelhece a pessoa; ela vai aos poucos apagando a chama da vida e amargurando os que a hospedam. Mas Deus pode expulsá-la. Quer que Ele o faça? Será uma virada em sua vida! Só a água do Espírito Santo pode tirar as nódoas da tristeza, e Deus vai derramá-la sobre você.

Apenas confie e entregue o seu coração ao Senhor; deixe-O enchê-lo com seu amor. Não tenha medo do que vai acontecer. Será um grande abraço do Pai que recebe o filho de volta em casa, cheio de saudades, depois de tanto tempo.

... E SE A AFLIÇÃO FOR DEMAIS?

Os mais limpos e belos dias só chegam depois de terem sido lavados e polidos por duras noites de chuva. As tempestades sulcam a terra, ferem-na, reviram-na, lavam e levam tudo o que é sujeira, o que é velho e de raízes fracas. Mas onde há tempestade sempre encontraremos vida, árvores robustas, solo verdejante e ares de limpeza.

As provações são as tempestades do coração. Todas as vezes que nos depararmos com violentas chuvas de aflição, nuvens carregadas de tristeza e ventos de sofrimento, encontraremos corações lavados, polidos e abastecidos com a verde relva da misericórdia de Deus. Depois da tempestade, Deus sempre faz despontar o sol de seu amor. Se, por um tempo, estivemos no escuro, não tardaremos em nos deliciar sob o calor de seus raios.

Por isso, se a aflição for demais e se você descobrir em sua alma um ninho de serpente com ovos de angústia, não se desespere, porque o sol não caiu do céu, apenas está escondido atrás de algumas nuvens. Essas nuvens vão passar, também a angústia vai se dissipar. Acredite: a tempestade não é o fim.

Uma bela surpresa só tem sua graça se for preparada às escondidas. Assim, o sol oculto atrás das nuvens prepara, longe dos nossos olhos, um dia ainda mais belo, cheio de fecundo calor, alegre por tantas cores e distintos perfumes.

Se Deus por um momento lhe pareceu oculto aos olhos do coração, não pense que Ele se esqueceu de você. É que Ele também tem suas surpresas. Apressar certos tempos é estragar as mais belas surpresas de Deus. Confie! A resposta do Senhor nunca chega tarde demais. Se Ele tem demorado um pouco, é para que você O deseje, e desejando-O, ame-O mais.

A espera faz nascer a confiança, a confiança é mãe da amizade, e os amigos de Deus nunca perecem.

"Vós, que temeis ao Senhor, louvai-O; porque Ele não rejeitou nem desprezou a miséria do infeliz, nem dele desviou a sua face, mas o ouviu quando lhe suplicava" (Sl 21,24a;25).

Sempre tive dificuldades em esperar. Nas minhas orações, entregava as situações nas mãos de Deus, mas não descansava, mantinha a cabeça maquinando em busca de solução. Era, e por vezes ainda é muito duro para mim, simplesmente parar e esperar acreditando que a situação receberá uma resposta da parte de Deus. Isso causava-me um sentimento de desconforto, insegurança, irresponsabilidade. Então descobri que há situações em que esse esforço é totalmente desnecessário e, até, prejudicial. Há um caminho muito melhor.

Às vezes, tudo o que Deus quer de nós é que esperemos, numa atitude de profunda confiança e prontidão para lhe obedecer.

Percebi, nessas horas, que todas as manobras que eu fazia interferiam na ação de Deus e a atrapalhavam. Como é difícil largar depois de entregar! Mas, se não largamos, Deus larga.

São Vicente de Paulo dizia aos seus amigos que, quando Deus quer que uma boa obra seja realizada, é melhor não mexer nela, por algum tempo, e não nos deixar levar pelos nossos impulsos naturais que querem a execução rápida dos nossos projetos de vantagens. Dar espaço a Deus! O atraso não dará prejuízos. Tanto menor a nossa parte ativa, tanto maior a de Deus!

Já imaginou um carro com dois volantes e dois motoristas? Não seria um carro, mas um desastre ambulante. Deus sabe que na direção das coisas cabe apenas uma pessoa: ou é Ele, ou somos nós; é a carne ou o Espírito. Por isso se tomamos o combate em nossas mãos e lutamos somente por nossas próprias forças, Deus se sujeita a assistir a nossa luta. Não é má vontade da parte dEle. O respeito à nossa liberdade O faz esperar.

Quando o ferro é dobrado abruptamente, ele se parte; para curvá-lo, é preciso tempo, tempo de prepará-lo, de levá-lo ao fogo. Quando Deus pede um tempo, não o faz por si próprio, mas por nossa causa, em virtude da nossa natureza.

Em geral, as coisas mais belas e complexas levaram tempo para ser construídas. Custa tempo construir um edifício. Muitos quadros demoraram anos para ser pintados. Mas exigimos que Deus faça seus milagres nos segundos da nossa conveniência.

Leva tempo converter um coração. Leva tempo aproximar duas pessoas que se magoaram. É preciso tempo para curar a doença e fechar a ferida. Tudo nesta nossa vida está sujeito a um tempo. Por isso, com a oração, planta-se a semente; pela oração, cultiva-se a planta, e a confiança não nos decepcionará quando colhermos os frutos há tanto esperados.

Se você tem rezado, confie! Sua oração plantou a semente; oculta, ela germina no coração de Deus. Continue cultivando-a. Deus precisa apenas de um pouco mais de tempo para entregar-lhe a resposta.

QUANDO DEUS DEMORA... E A DOR APERTA

É muito mais fácil, para qualquer pessoa, agitar-se e correr do que se aquietar e esperar. São poucos os que esperam sem se indignar contra as "demoras de Deus", e é muito fácil descobrir os limites da própria paciência, mesmo entre os que confiam, porque estes limites são muito curtos.

Conhecer a promessa: "Pois que se uniu a mim, eu o livrarei; e o protegerei..." (Sl 90,14), faz bem ao coração. É confortável saber e sentir que estamos revestidos da proteção de Deus.

Aqueles que se uniram assim ao Senhor colocaram-se debaixo de sua guarda. Esta união é uma aliança; rompê-la é pôr-se novamente vulnerável. A questão é que muitas pessoas encontram dificuldade em entender e aceitar que estar sob a proteção do Senhor significa viver em completa obediência a Ele. Daí começam a imaginar se já não poderão satisfazer todos os seus desejos e seguir os próprios impulsos. Correm, então, um sério risco de se sentir sufocadas. Mas Deus sabe por que põe limites aos seus filhos. Ninguém melhor que um pai poderia dizer por que, naquele momento, tem o seu pequenino seguro pela mão. É assim que ele garante a sua segurança, ajuda-o a manter o ritmo, sustenta-o quando tropeça, detém-no em situações de risco e o leva, até que tenha firmeza no andar.

O pior que se pode fazer é abrir uma brecha e romper essa proteção em nome da satisfação dos apetites e prazeres. Tentar escapar da vontade de Deus não é esperteza, é desperdício de tempo e de força. E nossa força é tão grande quanto a nossa capacidade de esperar em Deus. Se você tiver paciência para aguardar que o Senhor o oriente em todas as situações da sua vida, irá experimentar uma força, um ânimo, uma disposição que o manterão firme, seguro, sereno.

"Deus nos fez perfeitos e não escolhe os capacitados, mas capacita os escolhidos. Fazer ou não fazer algo só depende de nossa vontade e perseverança" (Albert Einstein). Deus escolheu você desde o momento em que o pôs neste mundo e lhe conferiu poder sobre todas as coisas que estão sob a sua responsabilidade. Ficar firme à espera de que Ele manifeste a sua vontade e nos mostre por que caminho seguir é mais difícil do que agir. Mas os que assim permanecem, em confiante esperança, comovem o coração de Deus e experimentam o seu poder. E, experimentando-o, atuam com poder.

Como é feliz o homem que se deixa dirigir por Deus e enfrenta corajosamente os problemas que encontra no caminho! É assim que se aproxima da meta dos seus desejos mais profundos. Quem escolhe essa trilha já é feliz a caminho.

"Meu filho, sofre as demoras de Deus, espera com paciência, a fim de que, no tempo exato sua vida se enriqueça... na dor, permanece firme; na humilhação, tem paciência. Põe tua confiança em Deus e Ele te salvará" (Selecionado do livro do Eclesiástico, cap. 2).

A espera causa um sofrimento, e talvez você já tenha chorado muito; mas está escrito, a respeito de todos aqueles que passam por grandes tribulações, que é o próprio Senhor quem os espera para "enxugar-lhes todas as lágrimas dos olhos" (cf. Ap 7,14;21,4).

É importante fazer dessa verdade uma experiência viva e respirar fundo, enchendo o coração de esperança, porque, sem esperança, nada se faz. Quando vemos alguém se levantar, sorrir de novo, acreditar a ponto de parecer que renasceu, é que ele provou o calor e a doçura da esperança.

Há mais pessoas desesperadas do que problemas sem solução. Existem certos venenos em animais peçonhentos que não matam, mas mantêm a vítima em total paralisia. Assim, não podem escapar, nem mesmo se defender. Também é assim quando se perde a esperança: tudo pára, fica-se impotente ante as dificuldades da vida, mesmo das mais simples.

NÃO IMPORTA O TAMANHO DO PROBLEMA, HÁ SEMPRE UMA POSSIBILIDADE E SEMPRE HAVERÁ...

Não importa o tamanho do problema, há sempre uma possibilidade, e sempre haverá... porque Deus é amor e nunca abandona os seus: "Do alto estendeu a sua mão e me pegou, e retirou-me das águas profundas, livrou-me do inimigo poderoso, dos meus adversários mais fortes que eu. Investiram contra mim no dia do meu infortúnio, mas o Senhor foi meu arrimo: pôs-me a salvo e livrou-me, porque me ama" (Sl 17,17-20).

Se o que você busca é a sua salvação, a palavra "não" não existe para você. Insista! Deus dará o que você pede. Seja atrevido na sua oração, e Deus o transformará de pessimista em otimista; de tímido em audacioso; de acanhado de espírito em homem de fé. A oração é uma arma que devemos ter sempre em mãos para nos defender nos momentos de perigo e uma ferramenta para recolher o bem de que estamos necessitados.

Talvez a esperança seja o primeiro grande milagre de que muitos precisam. Há coisas que só ela consegue fazer, como reconstruir um lar ou ressuscitar um coração. Já ouvi, muitas vezes, alguém dizer: "Enquanto há vida, há esperança"; mas quero fazer um trocadilho, no qual acredito mais: "Enquanto há esperança, há vida".

Deus, um dia, vai ressuscitar o nosso corpo, porém o nosso coração... Ele pode e quer ressuscitar hoje, mais precisamente agora.

Algo vai mudar em sua vida. Acredite: desta vez será diferente! Esperar é continuar acreditando apesar das frustrações pelas vezes em que você acreditou e as coisas não aconteceram como esperava. Esperar é acreditar que amanhã será melhor, e de fato o será. Quem age assim faz Deus estremecer, Ele é incapaz de resistir a uma pessoa que continua acreditando que Ele a socorrerá, e, quando a atender, vai levar em conta todas as vezes que ela tentou... e tentou... e tentou... sem obter resposta alguma. Então a Sua graça lhe será tão grande que a alegria mal caberá em seu coração, e todos verão que a sua luta não foi em vão.

Não há bem tão grande que Deus não nos possa conceder, nem males tão terríveis dos quais Ele não nos possa livrar. Jesus pode libertar você de qualquer estado de prisão espiritual e de todo espírito de morte!

É Ele quem, tomando a sua mão, lhe diz, aqui e agora, o que disse àquela menina morta em sua cama: "Eu ordeno-lhe: Levante-se!" (cf. Mc 5,41). Deus nos ajuda na hora certa, quando nós fazemos o que podemos.

Num dia frio e escuro de inverno, dois meninos patinavam tranqüilamente sobre um lago congelado, mas o gelo se rompeu e um deles foi tragado, ficando preso sob a densa camada.

Quando seu amiguinho o viu morrendo, congelando aos poucos... arrancou dos pés, rapidamente, um dos patins e pôs-se a bater no gelo com todas as suas forças e o mais rápido que podia. O gelo quebrou e ele mesmo pegou, pela gola, o seu coleguinha e o tirou de lá.

Os salva-vidas não conseguiam entender como ele fora capaz de realizar aquilo e lhe perguntaram:

— Como você conseguiu quebrar esse gelo? Você não tem tamanho, nem forças para isso! É impossível...

Mas um velhinho, que assistira a tudo, comentou:

— Eu sei como ele conseguiu.

Curiosos, insistiam que lhes dissessem como.

Respondeu o velho:

— É muito simples! Não havia ninguém por perto para lhe dizer que ele não conseguiria.

SE VOCÊ FIZER O POSSÍVEL, DEUS FARÁ O IMPOSSÍVEL

Você vai conseguir! Só precisa fazer o possível. Talvez você se ache sem forças, é por isso que vou lhe revelar um segredo: o segredo da força espiritual. Mas, antes, que tal fazermos uma oração?!

ORAÇÃO

Pai amado, às vezes, eu me sinto tão sem forças, que nem consigo rezar. Por favor, liberta-me desta prisão.

Eu confio em Ti, Senhor, que pelo teu poder libertador e pelo poderoso nome de Jesus Cristo, destrói em mim, agora, toda força de desânimo e de desconfiança, de tristeza e depressão, de nervosismo e medo, mágoas, ressentimentos e falta de perdão. Liberta-me, Senhor, de todo ataque do mal, de tudo o que me enfraquece espiritualmente e de todos os laços que me amarram, em nome de Jesus.

Pai querido, eu sei que Tu me amas e por isso peço-Te que derrames, em meu coração, a tua força e domines a minha vida. Arranca de mim todo obstáculo que me impede de receber a tua bênção. Rejeito de todo coração, renuncio de toda a minha alma a qualquer fonte de pecado que me tem afastado de Ti.

Que a tua mão alcance todo o desânimo, fraqueza espiritual, incredulidade, depressão e desespero, no momento exato em que me atingiram e os destrua, libertando-me desses males e de suas conseqüências.

Lava-me, Pai do Céu, no Sangue de Jesus e purifica-me.

Que caiam por terra, agora, todo o pessimismo, sentimentos de fracasso, rejeição, medo, infelicidade, todo o negativismo e abram espaço para o amor e a alegria de Deus em minha alma. Cura-me, Senhor, de todas as lembranças que ainda doem. Creio que o teu Espírito Santo está varrendo todo esse mal para fora da minha vida. Abraça-me, Pai, enche-me com teu amor e tua bondade, com tua paz e alegria. Restaura em mim o amor e a salvação. Dá-me um coração que transborde alegria e gratidão do mais fundo de seu ser.

Em nome de Jesus, ó Pai, eu tiro meus olhos dos problemas para colocá-los em Deus. Tenho muito mais motivos para louvar-Te e agradecer-Te que frustrações para me entristecer.

Obrigado, por me tirares de toda angústia e escuridão e me conduzires até a saída desta prisão; porque nenhuma tribulação, nenhum tormento, é maior que a força que o Senhor me concede. Obrigado, Pai, porque por maior que seja o meu pecado, maior ainda é o poder de Jesus, meu Salvador e meu Senhor. Eu não terei medo! Não tenho motivos para esmorecer. Meu Deus me ama, Ele me socorre e me salva sempre.

Eu Te agradeço, meu Deus, porque não me abandonas no meio do meu sofrimento; e não esqueces de mim nem mesmo quando mereço. Sei que Tu, Senhor, recolhes todas as minhas lágrimas e contas todos os cabelos de minha cabeça. Antes mesmo que chegue o sofrimento, tua bondade de Pai já me preparou a ajuda que me fará vencer.

Eu tenho um Deus que me ama e nunca me abandona, que me segura em suas mãos e me levantará se eu cair.

"O Senhor é o meu rochedo, minha fortaleza e meu libertador. Meu Deus é a minha rocha onde encontro o meu refúgio. Meu escudo e força de minha salvação, minha cidadela e meu refúgio, meu salvador, que me salva da violência. Invoco o Senhor digno de todo o louvor, e fico livre dos meus inimigos" (2Sm 22,2-4).

"Até os adolescentes podem esgotar-se, e jovens robustos podem cambalear, mas aqueles que confiam no Senhor renovam suas forças; Ele dá-lhes asas de águia. Correm sem se cansar, vão para frente sem se fatigar" (Is 40, 30-31).

EXERCÍCIO ESPIRITUAL

1. Durante um dia inteiro, procure estar atento a todas as situações que acontecem e geralmente angustiam você e o desanimam. Faça o propósito de não se deixar abater e, quando se sentir tentado, pense que Jesus está no controle da situação. E, então, repita para você mesmo: "Jesus, eu confio em vós!". Deixe-se conduzir por Deus e sinta a sua presença. Tente fazer isso várias vezes, durante o dia.
2. Pense naquela situação que sempre acontece com você e que você já desistiu de tentar mudar. Antecipe-se, imagine-a acontecendo novamente e reze por ela, peça a Jesus que a transforme e que lhe dê forças para enfrentá-la com ânimo. Procure imaginar o que você vai dizer e o que vai fazer quando essa situação se repetir. E, quando ela chegar, aja segundo o que Deus lhe mostrou. As situações e pessoas à nossa volta mudam, quando nós mudamos primeiro.
3. Há mais alegria em dar que em receber. Escolha uma pessoa que você conhece e sabe que está perdendo a esperança, procure dar a ela uma palavra de ânimo ou gesto de carinho que a reanime. Se esta pessoa aceitar, faça com ela a oração da página 23. Você verá que Deus lhe dará cem vezes mais qualquer coisa que faça em favor de alguém. Volte a interceder e a se alegrar, pois isso será uma conquista da sua esperança.
4. Uma oração para todos os dias desta semana: "Eu espero, meu Deus, com firme confiança, que, pelos merecimentos de Nosso Senhor Jesus Cristo, o Senhor me dará a salvação eterna e todas as graças necessárias para consegui-la, porque o Senhor, que é infinitamente bom e poderoso, prometeu isso a quem obedecer a seu Filho Jesus e a sua Santa Palavra, como eu estou disposto a fazer com a sua ajuda. Amém".

DOIS

O SEGREDO DA FORÇA ESPIRITUAL

Existe uma fonte de onde emana toda a força, um lugar secreto de onde provém toda a energia espiritual. É por não a encontrar que muitas pessoas se sentem desanimadas e, às vezes, têm desejo de desistir de tudo. Mas a porta que encerra esse mistério só pode ser destrancada por duas chaves, que precisam girar uma após a outra.

A PRIMEIRA CHAVE: QUANDO TUDO SE PODE SUPORTAR...

Podemos suportar qualquer coisa quando nos sentimos verdadeiramente amados. A primeira chave é a experiência do Amor do Senhor e Ele quer colocá-la já em sua mão. O próprio Senhor o envolve num abraço cheio de ternura. Deus ama você e lhe oferece hoje mesmo a sua paz e o seu favor como prova desse amor. O amor torna fácil o que é difícil, leve o que é pesado.

O próprio Jesus revela: "Descerá sobre vós o Espírito Santo que vos dará a força..." (At 1,8). São Paulo explica essa força: "Porque o amor de Deus foi derramado em nossos corações...". Todo mundo busca um amor que não decepciona, e esse é o amor de Deus. A primeira chave é encontrar esse amor.

Deus compreende o quanto é difícil acreditar no amor, vivendo neste mundo em que estamos hoje: traições demais, quantas desilusões, decepções... Ele viu quando traíram você, quando feriram seu coração. Ele sabe que você tem medo de amar e de ser verdadeiramente amado, agora que sabe o quanto dói sentir-se enganado. Assim como você, há uma multidão que já não consegue abrir o coração ao amor do Senhor, não só ao dEle, mas a amor algum.

Deus se compadece deste mundo sem fé e sem afeto! Só em Deus é que se encontra a alegria e só nEle deve pôr sua esperança, porque ninguém é inteiramente bom senão Deus; só Ele deve ser louvado sobre tudo e bendito em todas as coisas.

Sião dizia: "'O Senhor abandonou-me, o Senhor esqueceu-me'. Pode uma mulher esquecer-se daquele que amamenta? Não ter ternura pelo fruto de suas entranhas? E, mesmo que ela o esquecesse, eu não te esqueceria nunca" (Is 49,14-15).

Quando meu filhinho se metia entre mim e minha mulher, eu pensava que ele estava sentindo ciúmes de um de nós dois, até que percebi que o que ele queria era participar do nosso amor, ser admitido entre nós. É esse o amor que Deus derrama em nosso coração. Ele nos acolheu em seu seio e nos admitiu no meio de seu amor, o mesmo com que ama Jesus. Por isso, Deus não pode amá-lo mais do que já o ama, pois faz isso com todo o seu amor, um amor eterno, e será assim até o fim... até o limite extremo do amor.

Deus mostra seu amor nas coisas mais simples da vida, vindo ao encontro das nossas necessidades, amando-nos como precisamos ser amados e segurando-nos com laços humanos, com laços de afeto... (cf Os 11,4). O amor de Deus também é feito dessas delicadezas.

COMO ENCONTRAR A DEUS...

O garoto chegou à praça, abatido pela tristeza e consumido pela fome, enfiou a mão no bolso e entregou seus últimos trocados por um pedaço de bolo e uma bebida quente. Quando ia se banquetear, percebeu que o velhinho à sua frente parecia estar com fome. Sentou-se ao seu lado e, sem dizer nada, repartiu a refeição. Os olhos do ancião brilharam, e o seu rosto esboçou um sorriso, o mais lindo sorriso que um velho poderia dar. O coração do garoto se iluminou, ele jamais vira tamanha beleza.

Quietos, lado a lado, compraziam-se na companhia um do outro enquanto observavam os pássaros, as grandes árvores e as pessoas que passavam apressadas. A noite caía quando o menino se deu conta que já deveria estar em casa. E, levantando-se, abraçou, com toda a força daqueles bracinhos pequeninos, o seu novo e velho amigo.

Quando a mãe o viu chegar tão tarde e tão feliz, perguntou-lhe o que tinha acontecido. Ao que ele respondeu:

— Passei o dia com Deus... Olha, mãe! Ele tem o sorriso mais lindo que eu já vi.

E então quando o ancião chegou em casa, sua mulher perguntou: — Por que você está tão feliz?

O velho respondeu:

— Hoje, estive com Deus!

Ante o espanto de sua esposa, ele sorriu e completou:

— Jamais pensei que Ele fosse tão jovem.

Quando, pela primeira vez, ouvi essa história, pude perceber que são com laços humanos... de amor... de uma maneira que compreendemos perfeitamente, mas que pode ser inesperada, como o encontro desse menino com o ancião. Na simplicidade das coisas, Deus se manifesta a nós, todos os dias, e nos sorri.

"O Senhor teu Deus está no meio de ti como herói salvador! Ele anda em transportes de alegria por causa de ti, e te renova seu amor. Ele exulta de alegria a teu respeito como num dia de festa" (Sf 3,17).

A caminho de Emaús, os amigos de Jesus, tristes e abatidos, pensavam consigo: "Já se passaram três dias desde que ele morreu...". Mas erraram porque Jesus havia ressuscitado e estava entre eles. Não fique tentado a pensar: "Já se passaram dois mil anos...". Senão cairia no mesmo engano que eles. O Senhor não está longe, o seu amor está com você.

Se você cresse verdadeiramente, a vida, você mesmo, as coisas, os acontecimentos, tudo se transformaria diante dos seus olhos. Hoje mesmo, com Jesus, estaria no Paraíso, pois o Paraíso nada mais é do que isto: desfrutar do Seu amor.

Esse Deus grande e poderoso, criador de todas as coisas, responsável por tudo o que existe, e que muitos acham demasiadamente ocupado para cuidar de pequenas coisas, preocupa-se com você.

Deus o ama, simplesmente! Não precisa de um motivo para fazê-lo; você já é o Seu motivo e basta. Ele o amou antes que pudesse fazer alguma coisa para merecê-lo. Nem quer que lhe dê nada em troca por isso, só está interessado em você, que seja feliz.

Tudo o que fez foi por lhe querer bem. Sofreu e morreu porque o ama. Ninguém O obrigou, não foi por necessidade, não foi arrastado, nem contrariado. Só para ter a alegria de lhe provar o quanto é precioso para Ele.

Suas incertezas, dúvidas, tudo o que passa dentro de seu coração agora é muito menor do que o Seu grande, misericordioso e incompreensível amor. Afaste toda desconfiança! Deus o conhece melhor que qualquer pessoa, compreende-o e aceita-o como você é, com seus defeitos e pecados. Não o abandonou pelos seus erros, jamais o deixou por causa de seus pecados. Ele é seu amigo, e a amizade de Deus protege e recupera tudo o que se desgastou ou foi perdido. O Seu amor sempre vence e multiplica as forças da alma. Você quer esse amor? Certamente, ele já é seu.

Quando a nossa consciência não está tranquila, ficamos com medo de Deus, não queremos pensar nEle e tudo é pretexto para fugirmos. O Senhor não nos rejeita por termos caído na infidelidade. Não é preciso fugir dEle. Deus nunca desprezou você, nem deixou de amá-lo por causa de seus pecados; seu amor jamais se apartou de você. Definitivamente, Ele não o abandonou... Será que há alguma coisa mais que Deus possa fazer por você que Ele já não tenha feito? Vale a pena pensar sobre isso.

ALGUÉM MAIS FORTE LUTA EM SEU FAVOR

Deus ama os filhos dEle mais que uma mãe poderia amar os seus; o Senhor protege seus amados mais que um pai aos seus filhos. Se o amor do pai manifesta força, assistência, proteção, e o da mãe, ternura, afeto, acolhimento, o amor de Deus reúne todas estas características e com força infinita.

Mas o amor que vem do céu também se manifesta através das pessoas, como aconteceu com uma família do interior. Eles moravam na fazenda, e, como as tardes eram sempre quentes, acostumaram-se a tomar banho no lago, que ficava atrás da casa. A mãe poderia sentar-se na varanda e ficar, horas a fio, vendo seu filho brincar na água, já amarelada pelos raios do sol poente.

O sossego rompeu-se bruscamente, quando, sobressaltada, a mãe gritava correndo para o lago. O menino acostumado com a segurança do seu quintal nem deu por conta do jacaré que ia em sua direção. Assustado com os gritos, ele virou-se e nadou o mais rápido que pôde, com todas as suas forças, ao encontro de sua mãe. Mas, enquanto a mãe o tomou pelos braços, o jacaré o agarrou pelos pés, e os dois travaram uma tremenda batalha pela criança.

O jacaré era muito mais forte que ela, mas aquela mãe amava demais o garoto e o segurou o quanto pôde. O pai, que ouvira os gritos, veio correndo, pegou uma arma e disparou contra o bicho.

Foi inacreditável o menino ter sobrevivido! Os pés completamente machucados e marcados pelos dentes do animal; os braços sulcados pelas unhas da mãe. Depois de vários dias em tratamento, sua vida deixou de correr risco. A família e os amigos vieram visitá-lo e o quarto do hospital ficou cheio de gente e de alegria.

Depois de algum tempo, perguntaram-lhe se podiam ver os pés dele. Ele os descobriu e mostrou-os; estavam cheios de terríveis cicatrizes. Então, sentou-se melhor sobre a cama e, com a vozinha embargada pela emoção, falou:

— Também as tenho nos braços! E são grandes. Vejam — disse-lhes, mostrando as marcas das unhas deixadas por sua mãe. — Só as tenho porque minha mãe lutou por mim. A mamãe não me deixou.

Quando ouvi esta história pela primeira vez, senti um calafrio transpassar-me por inteiro, e pude entender que Deus nunca deixou de lutar por mim.

Talvez sua vida esteja cheia de cicatrizes; pode ser que você não tenha sido surpreendido por um jacaré, mas já o foi por muita coisa... e traz marcas de solidão, de abandono, de momentos terríveis e dramáticos de sua história. Mas, se você pode contar as marcas, é porque sobreviveu a elas. Muitas dessas feridas só existem porque Deus lutou por você, agarrou-o pelos braços e não deixou que o levassem (cf. Lc 22,31-32). A tribulação foi violenta e você quase desfaleceu... ou até mesmo desfalecido não percebeu como a história continuou: quem o segurou foi Deus, com seu amor de Pai. Deus tem lutado por você.

Deus é amor, e o mal não O agrada (cf. Sl 5,5). Abra-lhe o coração, porque Ele pode expulsar de dentro de você toda a tristeza.

Ele quer abençoá-lo!

"(...) Mas um dia apareceu a bondade de Deus, nosso Salvador, e o Seu amor para com os homens" (Tt 3,4). Deus sempre foi bom, nós é que estávamos impedidos de experimentar sua bondade, até que tomamos posse de Seu amor e tudo se descomplicou; de repente, é como se acendessem uma luz dentro de nós. Chame-O, e Ele fará deste o seu dia, o seu momento. Ele o atenderá. Estenda-lhe o seu coração e Ele o socorrerá.

É uma grande tentação querer melhorar, abandonar os pecados e corrigir os vícios para depois se voltar para Deus e se permitir experimentá-lO. O próprio Senhor nunca pediu isso.

Se você decide sair da escuridão para a luz do amor de Deus, Ele é quem o liberta! Não queira antes ser bom para vir a Deus, venha como está, porque Ele enche de vida os seus filhos e toma sob sua proteção os que O procuram (cf. Eclo 4,12).

Deus conhece o seu sofrimento, ouviu o seu pedido e agora está aqui para o consolar. Não Lhe agrada ver a sua aflição, o coração dEle sofre com você. Ele sabe o quanto você se sente só.

Acha que, depois de tudo isso, Ele iria deixá-lo?

Você já teve a sensação de se sentir só e triste e, de repente, parecer-lhe que alguém estava ao seu lado e queria lhe falar? Era Deus quem falava com você. Alguma vez, ao pensar em alguém querido que não via há algum tempo, aconteceu que encontrou essa pessoa ou ela lhe telefonou? Foi Ele quem providenciou. Alguma vez recebeu uma graça que nem pediu? É que Ele conhece os segredos do seu coração.

Alguma vez você esteve numa condição muito difícil, não tinha nem idéia em como resolvê-la e, de repente, a situação se desenlaça, acende-se uma luz, e tudo se resolve de uma maneira inesperada? É que Ele tomou os seus problemas em suas mãos. Já sentiu uma imensa tristeza em sua alma e logo passou? Naquele momento, Deus o confortava e enchia de esperança.

Alguma vez você se sentiu tão cansado a ponto de querer desistir, e logo em seguida percebeu que tinha forças suficientes para continuar? Nessa hora, Ele o carregava nos braços para dar-lhe descanso... Tudo é tão mais simples quando você se entrega a Deus. Basta confiar e acreditar...

Por isso a tentação quer incutir um pensamento em nossa cabeça: "Bom, este amor é maravilhoso, mas não é para mim! Como pode ser que Deus ame alguém como eu, que o traí e esqueci? Eu não mereço...". Mas escuta o que lhe diz a Sua Palavra: "Seja o que for de que o teu coração te acuse, Deus é maior do que o teu coração" (1Jo 3,19s). E mais: Você tem um Deus como Pai! Já pensou? Seu Pai é Deus!

Mais que nunca, Ele quer que você experimente a sua bondade, o quanto Ele é misericordioso e suave com os que erram e pecam. Se em algum momento a sua palavra lhe parecer dura ou mesmo se seu coração o reprovar, repita para si mesmo, em sua alma: "Mas Deus me ama! Nada me pode separar do Seu amor!".

Nem mesmo o pecado pode separá-lo deste amor. O Senhor ama você, mas detesta o seu pecado; é por isso que Ele é terrível e implacável contra ele. Ele não odeia você nem despreza nada do que criou, mas Deus não criou, nem desejou o mal; por isso Ele odeia o pecado e o persegue até as últimas conseqüências. Tudo isso porque ele prejudica os filhos de Deus e os destrói. A Sua raiva não é contra você mas contra o pecado que é seu inimigo e seu mal. Deus feriu seu pecado por ter compaixão de você. É assim que Ele manifesta seu poder: exercendo seu amor.

Nunca tenha medo de Deus! Ele está em paz com você e o colocou debaixo da Sua graça. O amor do Senhor faz o homem invencível, porque o assiste e fortalece de tal maneira que, ainda que a situação o prejudique, ele não é derrotado. Assim como Ele faz brilhar o sol sobre justos e injustos, também faz resplandecer o seu amor sobre todos os homens.

Ele é bom para com todos, mas ama a cada pessoa de uma maneira especial, como ela necessita ser amada; dá a cada uma conforme a sua necessidade. Qual necessidade é a sua?

Você foi concebido de tal modo que deve permanecer demoradamente exposto a essa verdade para que ela produza, em seu coração, os seus efeitos e o impressione; nada do que atravessa o seu espírito ligeiramente pode transformá-lo. Então, se quer sentir a ternura do Senhor, exponha-se a ela; deseje-a e busque-a na oração.

Deus o recebe a qualquer hora do dia e da noite. Seu amor nunca repousa. Quando Ele o vê diante de Si, até parece esquecer de seus pecados e de suas imperfeições; e só quer que alargue a medida de seu coração para enchê-lo de alegria! Se você pudesse ver tudo isso, ficaria espantado e até correria o risco de acreditar que Deus já não sabe ser feliz sem você. Todos os dias Ele o procura conquistar com demonstrações de amor, faz coisas para o atrair, pois o Seu afeto O uniu a você. É o amor do Senhor que nos dá a certeza de que tudo concorre para o nosso bem.

TENHO CERTEZA DE QUE SUA VIDA PODE SER MELHOR

Deus o ama tanto que não quer deixar que sua vida fique como está. Ele tem algo muito melhor para você. "Porque tudo o que fez foi em nosso favor, por Sua grande bondade, com a qual nos cumulou na sua ternura e na riqueza de seu amor" (Is 63,7). Mas Deus sabe que, muitas vezes, nós não O compreendemos e não percebemos que tudo o que Ele faz em nossa vida é para o nosso bem, porque nem o olho viu, nem o ouvido ouviu, nem o coração humano imaginou alguma vez aquilo que Ele reserva para os que ama.

Não importa o que aconteceu, ou quão ruim pareceram as coisas, no passado; Ele vai ajudar você para que, a partir de agora, sejam melhores. As coisas vão mudar. Tenha fé!

Deus tem um plano de amor e realização para sua vida. É dentro desse plano que você encontrará as respostas e a felicidade que anda buscando. Fora dele você só vai se desgastar e entristecer. Deus quer que você participe desse desígnio; que o compreenda e o aceite!

"Os que em Mim põem sua confiança 'compreenderão a verdade' e os que são fiéis habitarão comigo no amor: porque meus eleitos são dignos de favor e misericórdia" (Sb 3,9). Quando você era um menino, Ele tomou conta de você, salvou-o de muitas situações. Ele o carregou em seus braços, e você nem sabia que Ele cuidava de você. Quantas vezes Deus o conduziu e protegeu!

Todos os Seus caminhos são graça e fidelidade para aqueles que ouvem a sua palavra e obedecem a ela. "Sou eu quem salvo a tua vida da morte e te cubro de bondade e de amor todos os dias" (Sl 102,4).

Por isso é importante tomar uma decisão. Se você procura a felicidade, vai se iludir e cair em mil armadilhas, mas se você procura Deus, a felicidade é que lhe vai encontrar. A vida, às vezes, dá uma segunda chance, mas, com Deus, você terá sempre uma nova chance de ser feliz.

Muito perde quem abandona a Deus e O troca pelo amor do mundo. O amor das pessoas é imperfeito e passageiro. Só o de Deus é fiel e constante. Aquele que se prende às pessoas cairá com elas; o que se abraça com o Senhor estará firme para sempre.

Deus não faltará quando todos desampararem você, nem o deixará ser destruído quando chegar o fim de sua vida. De todos você irá se separar um dia, queira ou não, mas, nessa hora, o Senhor estará ao seu lado. A vida mostra que toda a afeição que deixamos de depositar nEle para depositá-la nos homens é perdida.

Basta ver que, quando Deus está presente, mesmo que você não perceba, tudo é bom e nada parece ser difícil. Mas se Deus se esconde, tudo se torna pesado e cansativo. Se Ele deixa de lhe falar, ainda que você seja rico, tudo perde o valor. Porém, basta que Ele sussurre ao seu ouvido para que o seu coração se encha de força e de alegria.

Passar das lágrimas à felicidade só depende de você.

Será que não vê o quanto você é duro e seco sem Deus? Certamente, Ele não quer que você viva assim. Não O ter é o pior de todos os castigos, pior do que perder o mundo inteiro.

O que é que este mundo pode ter de tão cativante que o possa manter afastado dos planos de Deus? O mundo sem Ele é um inferno, e acho que todos nós já experimentamos um pouco isso; é o Senhor quem o torna um paraíso. Se você permanecer ao lado dEle, nenhum mal poderá abatê-lo.

Confie seus planos a Deus e Ele responderá por você e fará o que lhe for melhor. Seja sincero e Ele o defenderá sempre. Porque, a quem Ele quer ajudar, nenhum prejuízo causará a maldade das pessoas. Se você souber calar e sofrer, sem dúvida verá que Ele vem em seu auxílio. Deus sabe o momento e a forma de o aliviar; tenha paciência e confie! Nos planos que Deus formulou, está escrito que você deve ser feliz.

MAIS FORTE QUE A MORTE

O amor de Deus, muitas vezes, faz com que Ele sofra: quando Ele procura lhe falar e você não O escuta e escapa dEle... quando entrega o seu amor, que lhe é tão precioso, a coisas sem valor; isso é muito duro para o Senhor. Que deve Ele, então, fazer nessa situação? Deve abandonar você? Eliminá-lo? O Seu amor O detém. Ele, que tudo pode, é incapaz de esquecer o quanto ama você... e lhe dá uma dor só de pensar que o pode perder, que o pecado o pode destruir e tirá-lo dEle. O Seu coração se emociona, e Ele estremece de compaixão. Você é o filho a quem Deus ama, o seu filhinho querido! Deus se lembra disso e o seu ser se comove, se enche de ternura.

No exato momento em que dizemos sim ao Senhor, Sua proteção repousa sobre nós. Porque Ele é o nosso rochedo, guardemo-nos nEle! Não há inimigo mais poderoso que a morte, e, no entanto, o amor apaixonado do Senhor é mais forte do que ela. Afinal, "se Deus é por nós, quem será contra nós?".

Por que duvidar? Você não precisa buscar fora de si a prova de que Ele o ama. Você mesmo é essa prova, é o Seu bem-querer que o faz existir. Por isso não olhe para fora. Quem olha para fora se distrai e ilude. Só quem olha para dentro desperta para a verdade. Olhe para dentro de si!

Deus o perdoa por ter se afastado e se prejudicado a si mesmo e está disposto a recomeçar com você desde o início. Não deixe o passado segurar-lhe para não perder as maravilhas que Ele reservou para sua vida a partir de agora. Deus o quer vivo! A Sua alegria é vê-lo cheio de vida.Você é muito querido por Deus e sua vida é mais preciosa que todos os tesouros deste mundo.

Tudo é possível quando se abre o coração, quando se volta ao Senhor, porque Ele é bom e compassivo, paciente e perdoador, pronto para afastar o mal que o aflige.

"Qual é o Deus que, como o Senhor, apaga a iniqüidade e perdoa o pecado do resto de seu povo, que não se ira para sempre porque prefere a misericórdia?" (Mq 7,18). "Eu quero o amor mais que o sacrifício, e o conhecimento de Deus mais que os holocaustos" (Os 6,6). Porque amo os meus filhos ainda que se voltem para o pecado (cf. Os 3,1). "No meu amor e na minha ternura, eu mesmo te livrei do perigo. Durante o passado sustentei-te e amparei-te constantemente" (Is 63,9).

SE FORMOS INFIÉIS... ELE PERMANECE FIEL

Certa vez, um homem, que morava na região das montanhas, entrou num período difícil de sua vida. Uma epidemia havia levado todos aqueles que ele amava; a última a morrer foi sua mulher; ela, que se tornara a companheira de todas as horas, agora também havia partido.

Os vizinhos ficaram profundamente preocupados, estavam convictos de que o golpe era demasiado duro e que o pobre homem não o suportaria. Se não fosse colhido pela mesma enfermidade, provavelmente morreria de tristeza.

O tempo foi passando, e o pobrezinho já não mais saía de casa até que, numa manhã de sol, alguns o viram galgar as rochas rumo ao ponto mais alto da montanha. Era para lá que os animais habitantes dos lugares altos se dirigiam quando não mais tinham forças para viver.

Passados alguns dias, os moradores da aldeia, sem muita esperança de encontrá-lo com vida, decidiram partir em seu resgate. Mas, quando lá chegaram, encontraram o homem sentado ao pé de uma fogueira, o rosto iluminado emanando serenidade. Sem se perturbar com as visitas que se aproximavam, mantinha fixos seus olhos no cume da rocha.

Ele esculpira na rocha, durante aqueles dias. Em letras gigantescas, estava escrito: "O Senhor está comigo!"

Quando viu o espanto daqueles que há tanto tempo o conheciam, disse-lhes:

— Não importa se os tempos são bons ou se não são tão bons assim; se faz sol ou se arrebentam as tempestades; se treme a terra ou se metade do mundo desmorona sobre nossa cabeça. Deus é a nossa rocha inabalável, para a qual é preciso ter sempre os olhos levantados. É bom manter fixos os olhos no Senhor. Ele está comigo! Ele também está com vocês! Não afastarei meus olhos e meu coração de Suas promessas.

Mais do que a rocha, as promessas de Deus permanecem firmes. Não importa o que aconteça. Ainda que tudo pareça sugerir o contrário, Deus permanece fiel e não pode voltar atrás, pois Ele mesmo diz: "Não te retirarei o meu favor e não trairei a minha promessa, não violarei a minha aliança, não mudarei minha palavra dada" (Sl 88,34-35).

DO OUTRO LADO DA PONTE

Um dia, pai e filho travaram uma tremenda discussão. Depois de terem sido amigos durante toda a vida e terem trabalhado longos anos juntos, agora se separavam por causa de um desentendimento. Foram anos de amor, zelo e dedicação. Quantas noites aquecidas em volta do fogo e alimentadas pelo prazer da amizade! Mesmo depois das mais duras jornadas não se conformavam em ir dormir sem antes contarem seus "causos" um ao outro; é que o amor vencia o cansaço.

Mas, agora, aquele triste incidente havia transformado tudo. E uma discussão afogueada, por motivos tolos, trouxera a divisão para aquele lar, outrora tão feliz.

O filho pegou o que lhe pertencia e foi morar num terreno que havia comprado do outro lado do rio. Desde esse dia nunca mais voltou a ver seu velho pai.

Certa manhã, bem cedo, acordou quando abriram a porteira. Olhou pelas tábuas da janela e viu seu irmão mais velho que se aproximava; trazia em suas mãos uma pesada e conhecida caixa de ferramentas.

— Acho que você a esqueceu — disse ele.

— Pode ter sido. — respondeu o outro.

Pousando no chão a caixa de metal, o irmão comentou:

— Bom! Já que estou aqui, diga-me o que tenho de fazer para merecer um almoço.

— É fácil! — respondeu. — Está vendo aquela pilha de tábuas junto à margem do rio? Faça delas o meu alívio, porque já não suporto sequer a visão das terras do meu pai, apenas sua lembrança já me aborrece. Construa uma cerca o mais alto possível e terá garantida a sua refeição.

Com alguma tristeza, o irmão fez um gesto com a cabeça, deixando-o perceber que ele o entendia.

Aproveitando a presença de alguém de confiança para que a fazenda não ficasse só, o irmão mais novo foi à cidade resolver alguns negócios.

Durante todo o dia, o irmão mais velho trabalhou, cortou, serrou, construiu. Já era noite quando seu irmão voltou da rua, e a construção recebia seus toques finais. Mas o irmão, quando a viu, até espumou de raiva. No lugar da cerca, ele havia construído uma ponte magnífica, que, passando por cima do rio, ligava sua terra à de seu pai. Exasperado, foi dizendo aos berros:

— Seu traidor! Como pode fazer isso depois de tudo o que houve entre mim e o pai?

Mas isso era só o começo. Quando olhou de novo para a ponte, viu do outro lado um homem forte, rosto queimado pelo sol, cabelos e barbas embranquecidos pelo tempo. Seu pai caminhava ao seu encontro com os olhos cheios de lágrimas. Ele ficou parado por um instante, pasmado pela surpresa. E, de repente, correu ao encontro daqueles braços que tantas vezes o acolheram. No meio da ponte, encontraram-se, abraçaram-se e choraram demoradamente.

Quem ama se humilha e vai ao encontro. Quem ama dá o primeiro passo. O Pai do céu enviou seu filho para construir uma ponte entre o céu e a terra, entre você e Deus. Ele mesmo é essa ponte. Não fomos nós que amamos a Deus, mas Ele que, tendo nos amado primeiro, veio ao nosso encontro.

Ninguém pode amar a Deus se não se deixou alcançar pelos seus braços, recebeu seu abraço e experimentou seu amor. É preciso pararmos a correria, afastarmos o medo e deixarmo-nos envolver por seu carinho de Pai. A única coisa que Deus quer é que você creia no seu amor e confie nEle.

Diga a Ele, em seu coração, o quanto você gostaria de experimentar o amor que Ele tem por você!

ORAÇÃO

Pai amado, há muitas marcas de feridas em meu coração, e os traumas das experiências negativas que fui acumulando dificultam-me sentir o grande amor que Tu, Senhor, tens por mim. Mas eu quero muito sentir esse amor em meu coração. Eu sei que Tu me amas. Mas não quero apenas saber, quero experimentar e desfrutar desse amor.

Paizinho querido, creio que estás aqui comigo, neste momento, cuidando de mim, amando-me, ouvindo-me e querendo me ajudar. Preciso de Ti, meu Deus! Confio em Ti! Entrego toda a minha vida em tuas mãos e sei que tu queres me curar e tens poder para isso.

Ponho em tuas mãos todas as áreas do meu ser, tudo o que sou, tudo o que tenho... e aceito, Pai, que o teu filho Jesus me comunique agora a graça de salvação e libertação de que estou precisando, hoje, para que Tu, Senhor, reines em minha vida.

Perdão, por todas as vezes que não confiei em teu amor, que não acreditei que cuidavas de mim e me desesperei. Perdão, por tornar meu coração fechado a tua ternura, guardando rancores, alimentando mágoas e deixando de perdoar às pessoas que me ofenderam e machucaram. Pai, em nome de Jesus e com a tua ajuda, eu quero perdoar (....dizer o nome da pessoa...) por tudo o que me fez (... dizer o motivo...) e por todas as conseqüências que isso teve em minha vida.

Meu Deus, fica comigo e não me deixes afastar de Ti; faze-me descobrir que o teu amor é que me guia, e que há um plano maravilhoso para mim neste mundo. Eu não estou aqui por acaso. Eu aceito ser governado pelo teu amor.

Pai amado, Jesus prometeu que Tu nos darias tudo o que pedíssemos com fé, no nome dEle. Então, eu Te peço, Senhor: Em nome de Jesus, toca em minha alma e desfaz todo o poder de destruição e de mágoa que as lembranças dolorosas têm sobre mim; cura-me de todo desequilíbrio na minha mente e nos meus sentimentos. Pelo precioso sangue de Nosso Senhor Jesus Cristo, restabelece a saúde de minha alma, de meu corpo e do meu espírito. Cura-me, salva-me, liberta-me de todo o mal. Livra-me de toda enfermidade.

Pai, em nome de Jesus, toma-me em teus braços. Creio que recebemos tudo o que precisamos, quando aceitamos o teu amor que foi derramado em nossos corações pelo Espírito Santo. Creio que a cruz de Jesus é poderosa e rompeu a casca que nos impedia de viver nesse amor.

Obrigado, porque a todos que Te recebem em seu coração, Tu deste o poder de se tornarem filhos de Deus. Obrigado, porque Te interessas por mim e estás me curando de todo o desamor, de toda solidão e de toda rejeição. Obrigado, porque me arrancas das garras da tristeza, enches de alegria meu coração e, pões na minha boca uma oração de louvor. Glórias e louvores ao Senhor!

A SEGUNDA CHAVE: PEÇA COM FÉ

Quando não conseguimos fazer o bem nem vencer o mal que nos oprime, constatamos que somos impotentes, descobrimos que nos falta o poder do Espírito; falta-nos aquela força da qual Jesus nos fala claramente: "... o Espírito Santo dar-vos-á a força". Mas, se ela nos falta, certamente é porque, em algum lugar, nós a deixamos escapar.

O que fazer? Onde buscar essa energia? A que fonte recorrer? Como, no mundo natural, nós podemos buscá-la embaixo ou podemos buscá-la no alto. Muitos têm buscado a energia natural embaixo, no petróleo, e têm descoberto que, além de cara e poluidora, ela é escassa. Essa experiência os têm levado a estabelecer novas prioridades, e estão desenvolvendo meios para substituí-la pela energia do alto, isto é, pela do sol. A energia solar é limpa e milhares de vezes mais forte que a que vem pelo uso do petróleo; é a própria natureza dando testemunho de que a força que vem do céu é infinitamente maior que a que vem da terra.

No mundo espiritual, acontece a mesma coisa. Ou buscamos "forças para vencer" em nós mesmos, em nossas técnicas, meios e esforços, ou as buscamos em Deus, por meio da oração. O Espírito Santo é essa força.

"Outrossim, o Espírito vem em auxílio da nossa fraqueza" (Rm 8,26).

Quando um homem é forte ainda assim é fraco. Não é pelo seu próprio poder, mas pela força de Deus que é possível superar os desafios e vencer as dificuldades que se apresentam a ele. Tudo se deve fazer com uma força divina, e não confiando na própria astúcia (cf. 1Pd 4,11).

A oração é o fio que une o coração do homem ao coração de Deus. O impacto desse encontro destrói todas as forças de morte e desânimo que se instalaram no coração do homem. Quando ele começa a rezar, acontece o encontro de sua vontade com a vontade divina, estabelece-se o canal e, por meio dele, as graças de Deus, inclusive a sua força, escorregam do céu para a sua vida.

Como se pode conseguir isso? A resposta é: crendo, consentindo, abandonando-se nas mãos de Deus e rezando. A oração da fé é a segunda chave, e não a primeira, porque sem o Amor de Deus, que foi derramado em nossos corações, não poderíamos nem mesmo rezar.

O que, muitas vezes, impede que a nossa oração seja atendida nem é tanto o que pedimos, mas a maldade do nosso coração, o nosso egoísmo e a nossa falta de fé. Essa é a hora em que mais precisamos que o Espírito Santo venha em nosso socorro para purificar o nosso sentimento, nossas intenções e todas as nossas palavras. Quando Ele conduz nossa oração, ficamos cheios de uma grande confiança e temos uma espantosa ousadia ao falar com Deus. Conversamos com o Senhor, como um amigo fala com outro, e confiamos nEle, como se confia em um pai. Enquanto há confiança, o relacionamento é constituído de uma liga inquebrável; quando une nosso coração ao de Deus, nenhuma perturbação o desliga; então, os contratempos podem perturbar nossa cabeça, mas jamais abalar nosso coração.

Nada, neste mundo, é mais importante do que a nossa amizade com Deus. Em qualquer lugar, em qualquer circustância, enquanto você viver, tenha esta certeza: "O Senhor está próximo. Portanto, nada de preocupações". Ele nos ama porque somos seus filhos, e o Espírito Santo nos faz sentir este amor. Se você viver como filho desse Pai amoroso, Deus porá o ouvido em seu coração. Rezar bem é rezar com o coração do Filho Jesus; assim que o Pai nos ouve clamando por Ele, apaixona-se de novo por nós e se inclina lá do céu para nos ver.

A oração nos põe diante de Deus e abre a nossa vontade para receber os raios de seu amor. Ela dissipa as trevas dos erros e da ignorância que travam os nossos pensamentos e nos impedem de conhecer a Deus. Ela purifica o nosso coração de todos os afetos desordenados. Quem reza lava a alma de seus pecados, alivia o coração do peso das tentações e alimenta os bons desejos.

Muitos, sendo fracos, não se fortificam porque se julgam fortes e não rezam; mas os que, sentindo-se fracos, recorrerem à oração serão fortes. Se você perceber que, apesar de tudo, você não deixou de rezar, pode ter a certeza de que a proteção de Deus também não o deixou. Deus nunca abandonou ninguém, nós é que o abandonamos quando nos afastamos da oração.

Devemos rezar para descobrir o que Deus quer de nós em meio às situações difíceis e para lhe pedir a força espiritual que nos leva a cumprir a sua vontade, porque, ainda que venham as contrariedades, estaremos preparados quando elas chegarem. Somos fracos, mas Deus é forte.

Esse assunto é tão importante que, se eu tivesse a oportunidade de lhe dar apenas um conselho, não hesitaria em dizer: reze! Tudo o mais nasce daí. Com uma oração humilde, confiante e perseverante pode-se alcançar qualquer coisa, mesmo sendo pecadores.

A oração é a fonte de nossa força. E a tentação, sabendo que uma alma perseverante em rezar está perdida para ela, concentra todos os seus esforços para afastá-la da oração. Quem não sabe rezar também não sabe receber o socorro que Deus envia. Mas é importante ter claro que a força da oração para obtermos a graça, não vem pelo fato de merecermos, mas pela bondade de Deus que prometeu ouvir aquele que lhe pede. Pois ou Ele dá o que pedimos ou dá o que nos vai ser mais útil.

CINCO QUALIDADES DA ORAÇÃO QUE DEUS ATENDE

1. A oração que Deus atende é bem-feita, realizada sem preguiça e sem pressa

Do céu Deus se inclina sobre os homens para ver se restou alguém inteligente, alguém que o busque antes de tomar importantes decisões na vida. O homem que enfrenta as adversidades sem a oração ou que reza de qualquer jeito só para aliviar a consciência ingressou na academia do fracasso e receberá o diploma do desespero. Não faça isso consigo mesmo!

Às vezes, chegamos tão cansados em casa à noite que nos conformamos em fazer uma "oraçãozinha". Dizemos: "Deus vai entender... eu trabalhei tanto hoje... amanhã eu rezo!". No outro dia, a gente levanta correndo, mal toma café, sai balbuciando umas palavras pelo meio do caminho e tem a coragem de dizer que rezou. Isso não é muito bom!

Se fazemos malfeita a oração, mantemos a nossa alma dormindo, num estado de profunda sonolência. Então, ela fica indefesa e se torna a presa de seus piores inimigos. O mal que nasce daí é irreparável! E o que está feito não tem volta. Se não rezamos, acredite em mim, as conseqüências virão irremediavelmente.

Tenho a certeza de que, se falharmos na nossa oração, não seremos fiéis em coisa nenhuma, e os nossos compromissos pessoais, tão estimados e alvo de nossas preocupações, escoarão entre os nossos dedos sem que tenhamos força para fazer alguma coisa.

Quando deixamos de lado a oração ou a fazemos malfeita e com preguiça, a primeira coisa que perdemos é a confiança em recorrer a Deus quando somos tentados. O maligno nos encontra do jeito que ele gosta: despreparados. E, com o coração cheio de culpa, não encontramos forças e nos deixamos acabrunhar de tristeza.

Cada momento de oração é único. Se o perdemos não o podemos recuperar. O tesouro, a graça, aquilo a que chamamos "poder de

Deus", que o Senhor guardou para nós ali, jamais voltará, jamais recuperaremos. Teremos outras graças, em outros momentos, mas, as que passaram, ficamos sem elas. Uma vida sem oração é uma vida desprovida de força espiritual.

A oração bem-feita é uma escolha. Devemos orar sem cessar, em todas as circunstâncias, mas devemos priorizar, em nosso dia, um especial momento em que estaremos a sós com Deus. Algumas sugestões para que a oração seja bem-feita:

a) Escolha um bom lugar, em que tenha privacidade.
b) Estabeleça uma hora específica e procure não abrir mão dela.
c) Abra o coração e silencie seus pensamentos de toda agitação.
d) Tenha a Bíblia sempre com você; reze com ela.
e) Tenha momentos de silêncio.Escute-o.Deus quer falar com você.
f) Anote as inspirações e instruções de Deus para não esquecê-las e obedeça a elas.

2. A oração que Deus atende é uma oração cheia de fé

Quando precisamos que Deus intervenha em uma situação, devemos intensificar nossa oração e nela permanecer, até que o Espírito Santo nos mostre que ela já está nas mãos de Deus; então, convencidos disso, passamos do pedido e da entrega ao louvor e agradecimento.

O que não devemos fazer é começar a rezar como quem não acredita que Deus vai atender. Esse tipo de oração, em vez de ajudar, acaba atrapalhando, porque desanima; e não é raro verificarmos que a nossa fé se enfraqueceu depois de tê-la feito. É que não foi o Espírito Santo quem a inspirou.

Enquanto esperamos que a graça se manifeste, podemos e devemos rezar, mas como alguém que crê. De maneira a crescer na fé, e não a fazer com que ela desapareça. Converse com Deus, fale que você crê, conte da sua espera, desabafe a sua dor e, sobretudo, louve-o por Ele já tê-lo ouvido. Quando agradecemos a Deus, antes mesmo de termos em mãos o que pedimos, a nossa própria fé se fortalece.

Se ficamos ansiosos demais, acabamos mantendo os olhos mais fixos nos problemas do que naquela certeza que Deus plantou em nosso coração. A ansiedade manifesta que estamos em dúvida se Deus vai realmente cumprir a promessa que nos fez. E são esses sentimentos que fazem nascer a oração que duvida.

Deus permite que passemos por dificuldades e esperas porque a fé é uma graça sempre maior do que a que costumamos pedir. A mulher não pode dar à luz sem sofrer, a criança enquanto cresce doem-lhe os ossos, também com a fé é assim... é impossível que nela se cresça sem o sofrimento.

Quando você tiver a tentação de duvidar se aquela certeza primeira, que tanto o consolou, veio de Deus, pense que essa é a hora boa, a hora da prova, hora de manifestar a fé e receber de Deus o prêmio. Levante os seus pensamentos para o céu e repita baixinho em seu coração: "Eu confio em Nosso Senhor, Ele é fiel e cumprirá o que me prometeu".

3. A oração que Deus atende é uma oração embebida de desejo

Outro dia, eu estava em uma loja, e fiquei impressionado com uma garotinha. Morena, esperta, olhos muito vivos, vestida com simplicidade, trazia a tiracolo uma bolsinha velha de tecido. Quando ela chegou à repartição das bolsas, seus olhos até faíscaram. Sem hesitar, ela pôs fora tudo o que tinha na bolsa velha e encheu a bolsa nova com seus cacarecos. Foi assim que ela apresentou seu novo acessório: "Mãe, olha que linda! Compra pra mim?". Quem iria resistir àquela vozinha meiga e rosto apaixonado?

Pensei: "Ah! se fizéssemos sempre assim com Deus. Desejássemos tanto o que pedimos a ponto de não ter dúvidas sobre nossa escolha... Se tomássemos posse do que desejamos como se já fosse nosso... e por fim pedíssemos com uma confiança e uma certeza de que ganharíamos, isso daria uma outra qualidade à nossa oração".

É tão certo que Deus quer que desejemos o que pedimos, que, por várias vezes, Jesus provou os que diante dele se apresentavam: "O que quereis que eu vos faça? Credes que eu posso fazer isso? Queres ficar curado?".

4. A oração que Deus atende não pede coisas que destroem a alma

Há quem pense que, independentemente do que se peça, Deus tem a obrigação de nos atender. Particularmente, eu agradeço pelas vezes em que Deus não atendeu certas orações que fiz, pelo menos não do modo como eu concebia que fosse feito. Mais tarde entendi que aquilo não era o melhor para mim. Quantas vezes suspirei aliviado e cheio de gratidão ao descobrir que o que havia pedido ia complicar a minha vida. Em vez daquilo, Deus me havia dado algo melhor.

No meu relacionamento com Ele fui aprendendo que há uma maneira melhor de rezar do que atirar em todas as direções, obedecendo às fantasias e caindo nas armadilhas que a nossa cabeça propõe. Esta maneira é: rezar com o coração de Jesus. Jesus jamais pediria ao Pai alguma coisa que nos fizesse perder a nossa alma.

"A confiança que depositamos nele é esta: em tudo quanto lhe pedirmos, se for conforme à sua vontade, ele nos atenderá" (1Jo 5,14), e é vontade de Deus que o homem seja salvo.

Será que concorre para nossa salvação quando pedimos vingança, revides, quando pedimos que Deus tire nossa vida ou de outra pessoa? É claro que não. Mas se o Espírito Santo nos der a graça de rezar com o coração de Jesus, teremos mansidão, calma e não nos apressaremos em pedir nada que nos venha a causar arrependimento.

O Senhor apareceu em sonho a Salomão e disse-lhe: "Pede-me o que queres que Eu te dê" (1Rs 3,5). Salomão poderia ter pedido qualquer coisa, mas se contentou com o essencial e pediu a Deus sabedoria para governar seu povo com justiça. Deus achou aquela oração agradável e disse a Salomão:

"Pois que me fizeste este pedido, e não pediste nem longa vida, nem riqueza, nem a morte de teus inimigos, mas sim inteligência para praticar a justiça, vou satisfazer o teu desejo; dou-te um coração tão sábio e inteligente, como nunca houve outro igual antes de ti e nem haverá depois de ti. Dou-te, além disso, o que não me pediste: riquezas e glória, de tal modo que não haverá quem te seja semelhante entre os reis durante toda a tua vida. E, se andares em meus caminhos e observares os meus preceitos e mandamentos como fez Davi, teu pai, prolongarei a tua vida" (cf. 1Rs 3,10-14). Quando pedimos o que agrada a Deus, Ele sempre nos concede mais do que pedimos.

5. A oração que Deus atende é uma oração que nunca desiste

Um dia, à tarde, chateado com uma situação que não se resolvia, um pouco magoado por parecer que Deus não tinha muita pressa em me atender, tentei distrair meus pensamentos enquanto olhava a rua e fiquei observando um menino que tentava aprender a andar de bicicleta. Devia ter uns dez anos, e a pesada bicicleta parecia ser do seu pai.

Foram inúmeras as tentativas de se equilibrar em cima dela. Quanto mais tempo ficava sobre a bicicleta, mais violento parecia ser o tombo. Eu contei quarenta e duas duras quedas, nas quais se esfolou, se cortou e se contundiu. Já tinha as virilhas roxas por batê-las contra as estruturas de metal. Mas o menino não desistiu e, na quadragésima terceira tentativa, alcançou seu objetivo e ganhou prumo. Aquilo, sim, era perseverança!

Entendi imediatamente porque eu fora levado até aquela cena, e o meu coração se encorajou outra vez: ...é necessário orar sempre sem nunca deixar de fazê-lo (cf. Lc 18,1).

A oração que vence é aquela que se alimenta de todas as tentativas anteriores, que se fortalece com as investidas aparentemente frustradas, que insiste em pedir o que já foi pedido e ainda não chegou, é aquela que persevera. A cada oração que fazemos, estamos mais perto de alcançar a graça que suplicamos, e mais iminente está o socorro divino.

A oração da fé não desanima porque a porta não abriu da primeira vez em que bateu; ela simplesmente continua batendo até que abra.

RITA: CURADA DO CÂNCER

Quando Rita recebeu o envelope fechado dos exames, diferente do que costumava fazer, ela não o abriu. Ela ainda não sabia que tinha câncer. Nessa altura, sua família e todos os grupos de oração da Renovação Carismática Católica de Caraguatatuba-SP já rezavam por ela. E foi certamente por isso que ela recebeu com tanta serenidade a notícia que o médico insistia em repetir:

— Rita, você tem certeza de que você entendeu? Você têm câncer. Seu caso é grave. E, mesmo se a operação tivesse sido realizada há algum tempo, já seria de alto risco, quanto mais agora! Há um tumor enorme no seu intestino e, se ele se romper, a estimativa de vida é de vinte quatro horas.

O médico ficou preocupado ao vê-la tão calma. Mas é que a oração de muitos já repousava sobre ela. Até mesmo o padre da cidade procurou-a para dizer:

— Nunca vi coisa igual, Rita! Pessoas que há mais de vinte anos não se confessavam, confessaram nesses dias para comungar na intenção da sua cura!

A cirurgia foi marcada para dez dias depois, quando foi retirado um terço do intestino e a vesícula. Os médicos acharam impressionante ela resistir a cinco horas de cirurgia, apesar de ter problemas cardíacos. Era um fato extraordinário! Eles também haviam ficado impressionados com a paz que reinava no centro cirúrgico, entre médicos e enfermeiros, durante uma operação tão longa, tensa e desgastante. Cinco dias depois, já estava em casa.

Mas a sua situação no mês seguinte, quando começou a quimioterapia, era de causar dó. Um amigo trancou-se no banheiro para chorar depois que a viu naquele estado: estava com o abdômen inchado, cor amarelada, quarenta graus de febre e estava semiconsciente.

O marido decidiu que a levaria para a Canção Nova daquele jeito mesmo. No caminho, ela foi recobrando a consciência e começou a melhorar. Na noite daquele mesmo dia, o padre Jonas foi encontrá-la na casa do Dunga para rezar por ela.

Quando o padre Jonas colocou a mão sobre a sua cabeça, a fim de fazer a oração... ela não conseguia pensar em outra coisa senão que ele iria arrancar, com aquela mão pesada, os poucos cabelos que ainda lhe restavam. Afinal de contas, ela já não podia pentear o cabelo, nem passar a mão pela cabeça e, se saía sem a proteção de um lenço, o vento mais leve podia derrubar vários fios. Mas o incrível é que não caiu um fio sequer. E ela pôde ver nisso um sinal.

Ao abrir a Bíblia, o padre Jonas leu uma passagem que mudou aquele quadro: "'Não temas nada, homem de predileção! Que a paz esteja contigo! Coragem, coragem!' Enquanto ele me falava senti-me reanimado. 'Fala, meu Senhor, disse, pois, tu me restituíste as minhas forças'" (Dn 10,19). Disse-lhe o padre Jonas:

— Rita, onde está escrito "homem de predileção" mude para "mulher de predileção"; assuma isso em sua vida, pois o Senhor a curou. Não abandone o seu médico, faça tudo o que ele mandar.

Rita sentiu que as forças lhe voltaram na mesma hora, até a quimioterapia já não lhe causava os mesmos efeitos colaterais. E, quando entregou seus exames recentes nas mãos do seu médico, em Palmas-TO, pôde ouvi-lo dizer: "Deus cura, e a ciência confirma".

Todas as portas se abriram para o tratamento e para o pagamento das despesas. Ouvi da boca da própria Rita que sua vida tem sido um suceder de milagres. É que essa enfermidade trouxe-lhe um dos tempos mais lindos de sua vida, onde sentiu o grande amor de Deus e das pessoas que Ele colocou à sua volta.

Foi-lhe revelado em oração que ela jamais voltará a ter câncer, pois o Senhor a curou completamente e já faz treze anos que Rita está totalmente saudável, porque tudo pode ser mudado pela oração.

Foi tão forte a presença de Jesus e de Maria ao seu lado no hospital que uma enfermeira exclamou, olhando para a imagem de Nossa Senhora das Graças que estava em seu quarto: "Esta imagem está fazendo maravilhas neste corredor!". A própria Rita me contou esta história bastante emocionada.

Tudo, simplesmente tudo, pode ser mudado pelo poder da oração.

DESTRANQUEMOS, POIS, OS COFRES E RECOLHAMOS SEUS TESOUROS

É importante ter sempre em mãos a ferramenta adequada.

A Sagrada Escritura conta que durante o tempo que o povo de Israel vagou pelo deserto, Deus o alimentou com uma comida que caía do céu. Eles acordavam cedo e levavam consigo uma vasilha para recolher a porção necessária a cada um, a cada família.

Em cada capítulo deste livro, Deus fará chover sobre você uma graça específica e necessária, ela será seu alimento e seu tesouro. A oração é a ferramenta que vai ajudá-lo a recolher a porção dessa graça. É a oração que vai ativá-lo para receber esse bem em sua vida. Por isso é muito importante que você acolha com um coração orante o que Deus irá revelando a você.

Os exercícios espirituais irão introduzi-lo no mistério da presença de Deus. Isso é muito mais do que ser conduzido à presença de um rei. Eles vão nos preparar para que não aconteça conosco o que aconteceu com aquele homem que, depois de tantos anos pedindo, já não acreditava que conseguiria uma audiência com o rei. Quando o chamaram à presença de sua majestade, não sabia o que fazer, pois estava despreparado. Pediu-lhe, então, seis arrobas de estrume para adubar a sua plantação.

Diz-se que o ferro treme de medo quando está perto de encontrar o fogo. Olha para trás, pelos caminhos por onde passou e se lembra de como foi útil a tantas pessoas, como foi requisitado e valorizado, e vê à sua frente um fogo vivo, inebriante que penetra tudo e a tudo envolve. Então, sente medo de desaparecer para sempre.

Mas, se quiser recuperar a sua dignidade e nobreza, precisa aceitar o encontro. Terá de se arriscar. Apenas, nesta hora, perceberá que o medo desaparece e entenderá que não se trata de desaparecer, mas de se purificar e resgatar seu esplendor. E o mais magnífico é que ele, sendo ferro, e apenas ferro, por algum tempo, trará em si as propriedades do fogo.

Trata-se de entrar na presença de Deus, deixar-se abrasar por seu amor, ficar cheio de sua força e entregar-lhe nosso pedido.

ORAÇÃO

Eu Te louvo, meu Deus, porque escutas a minha oração, porque me ouves quando Te invoco, e, se me persegue a tentação para me impedir de rezar, clamo pelo nome do Senhor: "Jesus, salva-me!". A ansiedade perde sua força, a aflição perde seu poder e o inimigo foge confuso sem poder me fazer mal.

Tu, meu Deus, és bom, cheio de ternura e de misericórdia. Cuidas de mim, quando estou fraco e abatido. Quando estou nos meus piores dias, Tu, Senhor, me pegas no colo. Fica em paz meu coração, porque Deus não o acusa, Ele o ama e está nele.

Livra, Senhor, minha alma da morte espiritual, que atinge a todos os que abandonam a oração. Enxuga, Senhor, as minhas lágrimas e não me deixes caído em meu sofrimento.

Pelo poder do nome de Jesus, salva-me; pela sua santa cruz, liberta-me! Ouve-me, Senhor! Atende a minha oração! Vem em meu auxílio, protege a minha vida e a minha família! Livra-me de todas estas tribulações por que estou passando; dá-me a vitória sobre elas; e derrota todo o mal que por mim mesmo não consigo derrotar.

Tu, meu Deus, és fiel. Escuta a oração que faço nesta hora! Eu suplico: ajuda-me! Pois eu levanto as minhas mãos para a Santa Cruz de Jesus, para o seu Sangue precioso, como uma criança que precisa ser amparada.

Senhor, as coisas não estão fáceis para mim e eu estou fraquejando, acode-me depressa! Mostra que caminho eu devo seguir, porque eu quero fazer a tua vontade. Ensina-me a respeitar-Te e a obedecer-Te, para que o teu Espírito Santo esteja sempre sobre mim e me conduza.

Bendito seja, meu Senhor; porque sei que me ouves e me atendes, porque me amas e cuidas de mim. Não ficarei decepcionado, pois é no Senhor que eu confio. Ajuda-me a abrir o meu coração para receber, largamente, todos os dons que Tu, Senhor, queres me conceder.

Creio, firmemente, que nenhuma oração feita com fé, com desejo e perseverança jamais fica sem resposta. Creio que a todo homem e mulher de oração, o Senhor comunica seu poder e sua sabedoria.

Eu Te louvo, meu Deus, porque esta é a força que Tu derramas sobre mim neste momento! Louvores e glórias ao Senhor!

EXERCÍCIO ESPIRITUAL

1. Veja como Deus o ama e deseja estar a sós com você, para atendê-lo em particular e restaurar as forças do seu espírito, no texto de Mt 6,5-13.
2. Faça uma experiência nova, neste dia de hoje: procure ficar o máximo possível em silêncio para escutar a voz de Deus em seu coração. Na primeira oportunidade, entre em seu quarto, feche a porta e veja se Ele cumpre ou não a sua Palavra de estar ali com você.
3. Quanto mais você se dedicar ao encontro com Deus, no seu dia, mais você verá a graça de Ele acontecer em sua vida, maior será a sua força espiritual e mais as pessoas se aproximarão de você. Durante esta semana, encontre várias oportunidades de estar num lugar afastado para a oração. Jesus estará ali para abraçá-lo e para curá-lo.
4. Verifique se na sua paróquia existe um grupo de oração, faça a experiência de participar dele. Isso irá fortalecer a sua oração pessoal.

TRÊS

DEUS NÃO SE ESQUECEU DE VOCÊ

Quando Saul viu Davi partir ao encontro do filisteu Golias, disse a Abner, seu general: "De quem é filho este jovem, Abner?". Abner respondeu: "Por tua vida, ó rei, não o sei".

Quando alguém reza e pede a Deus forças para vencer, o Senhor o prepara para a vitória e lhe envia exercícios que o capacitarão para o combate. A força da carne vem pela atividade dos músculos, a força da alma, pela prática da fé exercitada em meio aos sofrimentos. Por isso, quando situações incômodas, duvidosas e até mesmo angustiantes surgirem à sua frente, como gigantescos combatentes, não se desespere. Deus não nos envia um desafio superior às nossas capacidades, nem permite que sejamos tentados para além das nossas forças.

O gigante que avançou contra você está fadado a tombar debaixo da sua espada. Enfrente-o ou ele o perseguirá e o escravizará sob as cadeias do medo. O mundo combate o homem de Deus com duas armas diferentes. Uma arma é a sedução, que tem por objetivo deixá-lo angustiado e aflito. A outra é o medo, com a qual a tentação procura levá-lo ao desânimo.

Mas o Senhor está preparando os seus guerreiros. É preciso que sejam adestrados nas pequenas lutas para que não esmoreçam nos grandes combates.

Então, quando o Senhor, que os preparou em segredo, manifesta-os ao mundo, este se escandaliza por não conhecer suas armas, não entender como lutam e não saber onde estiveram durante todo aquele tempo.

Os guerreiros de Deus são humildes como as lágrimas que tantas vezes derramaram, pois eles sabem que se a água não descer das montanhas não matará a sede nem gerará vida. É preciso descer e colocar-se a serviço daqueles que Deus lhes confiou, para ser canal de vida.

O Senhor mostra que é uma condição indispensável o coração primeiro esvaziar-se de si mesmo e de todo pecado, para depois poder ficar repleto de Deus. Quando o Senhor encontra um homem que assim o deseja, começa a trabalhar nele, fica morando em seu coração e pela humildade o vai esvaziando de sua velha natureza, corrompida e má. Nessa hora, não é mais o homem que age, mas Deus através dele. E, a partir daí, tudo fica bom.

Se ele se humilhar e suportar com paciência as contrariedades que o envolvem, Deus o exaltará e fará dele um homem extraordinário, conhecido pelas vitórias em suas lutas, e o levantará bem alto como a vela sobre o alqueire para que brilhe a sua luz e se manifeste a grandeza de sua alma. O seu valor será reconhecido, e o longo tempo em que manteve acesa a chama de sua esperança bem como as inúmeras renúncias feitas em favor do cumprimento da vontade de Deus serão recompensados. Então o guerreiro verá que nenhuma luta, por menor que tenha sido, foi travada em vão.

Davi era só um menino. Não o conheciam. Ninguém reconheceu como arma os objetos que trazia em suas mãos. No entanto, derrubou sozinho o gigante que um exército inteiro não ousou enfrentar.

Talvez você seja só um menino que o mundo não conhece, talvez você não compreenda o treinamento, mas Deus o cumula de força e o mantém adestrado para o combate muito mais do que você imagina. Aceite isso!

Quem quer vencer precisa descer ao campo de batalha para ser treinado. Ninguém sobe ao pódio do triunfo sem antes ter experimentado a arena da tribulação.

ENTÃO POR QUE AS COISAS NÃO VÃO BEM?

Eis uma pergunta que lateja no coração de tanta gente: Se Deus não se esqueceu de mim, então por que as coisas não estão indo bem? Se Deus me ama e me quer bem, por que sinto que a minha vida tem sido uma coisa pálida, sem graça e muitas vezes sem sentido?

Há um pássaro muito interessante no Brasil, cujo nome é também muito peculiar. Chama-se tié-sangue.Trata-se de uma linda ave de cauda negra e asas de cor vermelho-sangue. Muitos gostariam de possuí-la no esplendor de sua beleza, mas basta aprisioná-la para que comece a desbotar suas cores, tornando-se uma ave pálida e sem graça.

A beleza desse pássaro está ligada a sua liberdade, já que ele precisa ir atrás dos vários frutos, possuidores das substâncias que mantêm a cor de sua plumagem. Em geral, quanto mais livre for o pássaro, maior é a sua beleza e mais alegria traz aos olhos.

Em certo sentido, é exatamente o que acontece com as pessoas. Elas precisam de liberdade para ser felizes. Precisam buscar o seu alimento, que é fonte de vida, nos lugares altos, em Deus. Só assim conseguirão se manter vibrantes e felizes.

Temos aqui uma verdade terrível e assustadora, capaz de fazer tremer o mais corajoso dos homens: se o homem não é feliz é porque se deixou aprisionar, tornou-se um escravo, pois quem comete o pecado, é escravo do pecado (cf. Jo 8,34). Ninguém escapa a essa realidade, somos todos vítimas do mesmo mal: todos pecamos. E por isso vemos a nossa vida ruir diante de nossos próprios olhos: "... então esse pecado será para vós como uma fenda que provoca uma saliência numa parede alta, e esta, de repente, num segundo, desmorona, como se quebra uma vasilha de barro, sem dó nem piedade, e dela não resta nem sequer um caco para tirar uma brasa do fogão ou um gole de água do poço" (Is 30,13-14, tradução Paulinas).

Toda alma desregrada é um castigo para si mesma. Ainda que a vida dela pareça uma bela construção, está fadada a ruir porque não se pode construir a felicidade em cima do próprio erro, da desgraça alheia e do pecado. Quem ama a iniqüidade odeia sua alma; é por isso que há muita gente doente por dentro e atormentada no próprio corpo com enfermidades, falsas enfermidades e com más inclinações.

Santo Agostinho sabia por experiência própria e por isso dizia: "Um homem bom é livre, mesmo quando é escravo. Um homem mau é escravo, mesmo quando é rei. Não serve a outros homens, mas a seus caprichos. Tem tantos senhores quantos vícios".

Quando o pecado entra no coração do homem, priva-o de Deus ao retirar-lhe a graça do Senhor. Por isso diz a Escritura: "Com efeito, todos pecaram e todos estão privados da Glória de Deus" (Rm 3,23). Isso significa que, com esse mal, o homem perdeu a graça de Deus, abandonou os seus direitos sobre o céu, mereceu as penas eternas do inferno e renunciou a todo o amor de Deus. Por essa razão, sente, em seu coração, que Deus o esqueceu, porque já não consegue sentir esse amor.

O coração que está afetivamente preso ao pecado, mesmo que diga que é apenas um fiozinho que o segura, não consegue experimentar as maravilhas do amor de Deus. A teia de aranha é apenas um fiozinho e, no entanto, é o material mais resistente da natureza, um fio de aço da mesma espessura não possui a mesma resistência. Por mais frágil que pareça o pecado, ele impede de experimentar o amor de Deus. Basta uma gota de óleo para tornar muitos litros d'água impróprios para o consumo, basta uma gota do fel do pecado para amargar o coração dos filhos de Deus.

Ao atender um senhor que havia sido levado por sua esposa à nossa casa de missão do Rio de Janeiro, ele me disse em particular: "Sei que estas coisas que você me disse são verdade, que Deus é bom e me ama e que estou infeliz por causa do caminho que escolhi. Mas eu não quero mudar minha vida. Escolher a Deus significa que eu vou ter de deixar certas coisas que eu faço, e isso eu não quero".

Depois de falar, ele chorou muito. Rezei por ele. Vi que algo mudou em seu coração e enchi-me de esperança a seu respeito. Mas fiquei impressionado ao ver que o pecado escraviza de tal maneira que, às vezes, mesmo a pessoa sabendo que está infeliz por causa dele, tem enorme dificuldade em se livrar. É preciso, nessa hora, pedir a ajuda de Deus.

O MONGE PECADOR

Um jovem rapaz foi admitido no mosteiro e não tardou muito para que o seu comportamento revelasse seus inúmeros vícios e terrível temperamento. Um dos velhos monges que ali morava resolveu ajudá-lo; deu-lhe um saco cheio de pregos e disse-lhe que, a cada vez que cometesse um pecado grave ou ofendesse alguma pessoa, deveria pregar um prego na cabeceira de sua cama.

Ele achou engraçado; não acreditou no exercício, mas, em nome da obediência, aceitou a proposta. Só no primeiro dia, o jovem rapaz cravou 54 pregos na robusta e pesada madeira de sua cama.

Aos poucos, ele viu que precisava mudar esse quadro, pois percebeu que, em muitas situações, era mais fácil que ele se controlasse do que enfiar pregos na madeira. Até que veio o dia em que conseguiu se dominar e não foi preciso bater nenhum prego. Muito contente, dirigiu-se à cela de seu mestre e contou-lhe o que acontecera. Então o velho monge lhe deu um alicate e mandou que, para cada dia em que ele se controlasse, arrancasse um prego dos que fora cravado.

Os dias se passaram. Finalmente o rapaz conduziu o velho monge até a sua cela e, com evidente entusiasmo, mostrou-lhe a cama, que já não possuía prego algum.

Olhando em seus olhos, o monge abraçou aquele jovem com profundo afeto e disse-lhe: "Meu filho, você foi fiel, parabéns! Mas veja a sua cama destruída, ela jamais será a mesma. Assim acontece com o coração do homem, 'porque todo pecado é como uma espada de dois gumes: a chaga que ele produz é incurável' (Eclo 21,4). Se você pecou, não o faça mais, porque é impossível que não haja conseqüências. Seja humilde diante de Deus para que Ele não permita que você seja tentado além das suas forças".

As consequências do pecado são terríveis, ele é a pior coisa que pode acontecer a alguém.Quando uma pessoa dá ouvidos à tentação, ela pára de confiar em Deus e não Lhe obedece mais; começa a acreditar que os seus mandamentos são coisas do passado e não encontra neles utilidade alguma. Prefere se destruir fazendo a própria vontade do que ser feliz fazendo a vontade de Deus. Mas que tentação é essa? O que é que ela diz? O tentador sussurra aos ouvidos do nosso coração, dizendo que podemos ser felizes sem Deus, que sozinhos podemos nos realizar e nos satisfazer. E uma vida inteira de tentativas fracassadas não parece ser o bastante para convencer alguns de que estão no caminho errado.

Quando me falaram, pela primeira vez, que havia pessoas que diziam não ter pecado, eu pensei que era brincadeira ou mesmo exagero, até que comecei a encontrar essas pessoas pelo meu caminho. Há também aqueles que calejaram o coração: ouvem, até acreditam, mas não se incomodam mais. É como se o que ouvem não lhes tocasse, não lhes dissesse respeito.

Mas todos estão sob o domínio do pecado, como está escrito: "Não há nenhum justo, não há sequer um. Não há um só que tenha inteligência, um só que busque a Deus. Extraviaram-se todos e todos se perverteram. Não há quem faça o bem, não há sequer um" (Rm 3,10-12).

É preciso que essa palavra nos sacuda e acorde o coração entorpecido, qual poderoso terremoto venha abalar as estruturas da falsa segurança em que nos acomodamos. Como não nos deixarmos impressionar e até mesmo aterrorizar, sabendo que a conseqüência disso é a morte?

É POSSÍVEL ELIMINAR O MOTIVO DE SUA TRISTEZA

Em algumas situações específicas, em que duas pessoas eram condenadas à morte, os romanos costumavam aplicar uma pena extremamente cruel. Amarravam as duas pessoas uma à outra, rosto com rosto, braço com braço, mão com mão, perna com perna e assim por diante; depois matavam apenas um deles e os colocava a ambos no sepulcro, amarrados. À medida que o cadáver ia se decompondo, liberava substâncias que consumiam em vida o corpo daquele que com ele estava amarrado.

Dessa maneira, podemos entender melhor a que São Paulo aludia ao dizer: "Homem infeliz que sou! Quem me livrará deste corpo que me acarreta a morte?" (Rm 7,24). Ele não falava de seu corpo físico, mas do corpo do pecado ao qual estava amarrado.

Qual aquele condenado, não temos forças para nos livrar deste corpo de pecado que nos consome; estamos de tal maneira amarrados a ele que parecemos formar um só corpo, e não estamos amarrados por fora, mas por dentro, em nosso coração. Precisamos de alguém que nos desamarre e nos livre desse corpo que nos mata e que nos faz apodrecer em vida.

Os cristãos são o suave odor de Cristo, mas, quando se tem um corpo de pecado trancado no coração, o próprio coração se corrompe e começa a empestear, com o mal cheiro, o ar à sua volta. Em vez de ser causa de alegria e felicidade para si e para os outros, torna-se causa de sofrimento e infelicidade porque se afasta de Deus e entra em discórdia com as pessoas para defender interesses egoístas.

A verdade é que somos as primeiras vítimas desse mal; sentimo-nos tristes, abatidos e abandonados porque somos pecadores, porque, em nosso coração, vive uma lepra chamada pecado, que o insensibilizou à presença amorosa de Deus. E o pior é que não podemos fugir dele, como se foge de uma pessoa desagradável; não podemos fugir, porque o pecado nos fala de dentro do nosso coração (cf. Sl 36,2), nós o levamos conosco para onde vamos.

Tenha certeza: o pecado é o motivo de sua tristeza, e só Jesus pode lhe devolver a alegria verdadeira. É necessário que Ele o liberte desse mal, mate essa lepra e mude seu coração corrompido em um novo coração. Toda pessoa que pensa ser impossível que seus pecados lhe sejam perdoados entra em desespero, e com o seu desespero torna o seu estado pior do que era antes. Então, tenha confiança em Deus!

Se você alguma vez já se sentiu perdido e, por causa de alguma coisa que fez, teve medo de cair no inferno, sentiu-se desolado e sem forças, se depois de repetidas lutas contra um mesmo pecado mais uma vez você foi vencido e sentiu vontade de desistir, tenho uma ótima notícia para você: Só quem assim se sentiu pode experimentar o que é ser salvo pelo sangue de Nosso Senhor Jesus Cristo, e este mesmo Jesus pode eliminar a sua tristeza na raiz.

O DOM DAS LÁGRIMAS E A PURIFICAÇÃO DO CORAÇÃO

O mel é o único alimento na natureza que não se corrompe; no entanto, se o colocarmos em pote sujo de vinagre, ele ficará comprometido. Só Deus pode limpar o coração do homem para nele depositar os seus tesouros, mas Ele só o faz se o homem O ajudar. Como?! "[...] chora por ti e por teu pecado!" (cf. Lc 23,28). Deus não despreza as lágrimas de um coração arrependido e junta a elas o seu precioso sangue para purificá-lo.

Quando uma pessoa percebe que se perdeu de Deus e não consegue mais encontrar uma saída para sua vida, pode escolher entre dois caminhos: desesperar-se e pensar em fazer alguma loucura, ou se debruçar arrependido aos pés do Senhor e lavar com lágrimas o que passou. Judas entrou em desespero e foi se enforcar. Pedro, arrependido, chorou amargamente e Deus lhe deu forças para recomeçar.

O céu explode em festa cada vez que o homem se arrepende de verdade, porque ele sozinho não pode mudar seu coração; só o Espírito Santo convence o mundo a respeito do pecado. Quando uma pessoa aceita isso, a vida dela dá uma virada, seu coração duro se derrete como a cera; ela, que estava morta, pode ouvir quando Jesus lhe diz: "Levanta, sai deste túmulo que te prende, vem para fora!". A cadeia em que ela estava presa se abre e, enfim, livre, começa a viver uma outra vez.

Deus quer realizar tudo isso em nossa vida, quer usar de misericórdia conosco, mas só poderá nos perdoar se nós não negarmos o nosso pecado. Para perdoar o homem, Deus precisa que ele se arrependa. Para salvar o homem, Deus necessita de que ele queira mudar de vida.

No ano de 1647, em Nimes, na França, na universidade local, o doutor Vincent de Paul D'Argent fez o primeiro transplante de córnea em um aldeão de nome Angel. Foi um sucesso para a medicina da época, menos para Angel, que, assim que passou a enxergar, ficou horrorizado com o mundo que via. Disse que o mundo que ele imaginava era muito melhor. Pediu ao cirurgião que arrancasse seus olhos. O caso foi acabar no tribunal de Paris e no Vaticano. Angel ganhou a causa e entrou para a história como o cego que não quis ver.

A realidade não deixa de existir pelo simples fato de não se querer vê-la. Pior que ser cego é querer ficar cego, e a ignorância mais refinada é a ignorância da própria ignorância.Quando queremos desculpar as nossas faltas, ingressamos em trevas mais profundas. Seria terrível se nos acontecesse de não reconhecermos de verdade o nosso pecado, e dizermos como o mundo: "...mas o que há de errado nisso? Não vejo nada demais... é a coisa mais natural, hoje em dia... Não se prenda a idéias ultrapassadas... Isso é coisa de gente cheia de preconceitos". Saiba uma coisa: o pior pecado é aquele que não reconhecemos, porque, não sendo reconhecido, ele não pode ser perdoado.

Quando uma pessoa endurece o coração e tapa os ouvidos para tentar ficar em paz, enquanto permanece no erro ela obriga a Deus a tratá-la com dureza para tentar salvá-la. "Por que choras sobre a tua ferida? Por que incurável é tua dor? É por causa da gravidade de tua falta e do número de teus pecados que fiz isso" (Jr 30,15). Deus, para não ver a sua completa ruína, vê-se obrigado a afligi-la quando na verdade gostaria de lhe dar apenas coisas que a alegrassem e a fizessem feliz já nesta vida. Acusamos a Deus pela nossa infelicidade, por nos sentirmos abandonados e esquecidos mas não percebemos que a culpa não é de Deus. Não lhe alegra o coração humilhar e afligir os homens (cf. Lm 3,33).

Certa vez, uma criança soltou-se da mão de seu pai e meteu-se no labirinto de um circo recém-chegado. No meio da brincadeira, ela apavorou-se. O pai corria por todos os cantos tentando encontrá-la, o mais rápido possível, para tirá-la daquela angústia. Apesar de todos os esforços, o pai não conseguia encontrar o caminho. Com o coração apertado, cheio de dó, e as lágrimas já brotando nos olhos, ele persistia em buscar o filho amedrontado. Não via a hora de acabar com aquela infeliz aventura.

Depois de mais um tempo de procura, percebeu onde estava a criança, foi correndo ao seu encontro e ficou abraçado com ela até que parasse de chorar e se acalmasse. Que injustiça seria se o filho, sem querer saber de nada, empurrasse com toda força o seu pai e o rejeitasse dizendo: "Como, pai? Como você pôde me abandonar e me deixar sozinho?".

É exatamente o que fazemos com Deus em inúmeras situações. Somos nós que soltamos a mão dEle e O abandonamos, que nos perdemos pelos labirintos da vida e que nos prendemos nas armadilhas do pecado. Não é Deus que nos abandona. Dizia Santo Agostinho: "Fica seguro: Deus não te abandona a não ser que tu O abandones primeiro".

O pecador não consegue enxergar que certas catástrofes, muitos males e desgraças que se abatem sobre ele são conseqüência daquilo que ele mesmo fez, de sua vida corrompida. Então, cheio de revolta, procura pôr a culpa em Deus: "Onde é que está Deus? Como Ele pôde deixar isso acontecer?".

HÁ UMA SOLUÇÃO PARA OS QUE SE PERDERAM

Deus é amor, Ele tudo pode e jamais deixaria qualquer mal existir nas suas obras se não fosse bastante poderoso e suficientemente bom para fazer resultar o bem do próprio mal. Com Ele, até os nossos pecados cooperam para o nosso bem.

Porque somos humanos, não podemos evitar as quedas. Mas o mais importante é não ignorá-las ou tentar diminuí-las, mesmo que sejam pequenas. Com as coisas pequenas, o demônio vai abrindo os buracos onde entram as coisas grandes. Há quem consiga se preservar até muito bem dos pecados graves, mas não se importa com os leves. É como se tivesse escapado de ser soterrado por uma montanha de pedra, mas se deixa sepultar por uma montanha de areia.

Em alguns lugares do mundo, quando a neve acaba de cair, derrete-se com facilidade. Mas, se o sol não a atinge, endurece. E acumulando-se, com o passar do tempo, torna-se uma montanha de gelo. A mesma coisa acontece com os pequenos pecados. No princípio, são fáceis de eliminar, acumulados vão endurecendo pouco a pouco e, conservados por muito tempo sem que Deus os corrija em nós, tornam-se quase incorrigíveis.

Preste atenção nos pecados que, tendo virado hábito e rotina, já não incomodam você. Quanto mais necrosada está uma ferida, menos dor se sente e, no entanto, mais perto se está da morte.

A eliminação para o nosso mal, a solução para o nosso problema, o remédio para a nossa doença, a salvação para os que se perderam chama-se arrependimento. Reconhecer as próprias faltas. Voltar ao coração de Deus. É como diz a sabedoria russa: "Voltar atrás é melhor do que perder-se no caminho".

Nunca alguém foi banido de Deus por ter feito mal demais; mas muitos foram conduzidos ao desespero por um só pecado mortal do qual não quiseram se arrepender.

Quando o homem reconhece o próprio pecado e o confessa, ele está pondo um ponto final numa vida velha, má e desgraçada, e imediatamente se dá início a uma vida que é boa, porque, quando se contribui com a verdade, a luz de Deus brilha para nós.

Quem confessa o próprio pecado entra na paz de Deus. A confissão é como uma travessia; por ela, o homem atravessa da margem do pecado para a margem da reparação, e Deus se levanta para destruir o seu pecado. Ao se unir a Ele para ajudá-lo neste serviço, o homem se põe a destruir o mal que fez, e Deus poderá acudi-lo e salvá-lo.

Há muita gente desesperada, nestes dias, porque vêem que o barco de sua vida está repleto de rachaduras e ameaça naufragar completamente; percebem que a parede alta que construíram para se defender tem uma fenda e já começa a estalar. Notam o perigo, mas não sabem o que fazer. Então reforçam mais e mais suas seguranças terrenas, comprando mais coisas e construindo cercas mais altas. Procurando assegurar a tudo, esquecem-se de fazer o seguro da alma. Fazer o seguro da alma e dar garantia à vida eterna é arrepender-se, com sinceridade, dos próprios pecados.

O homem caiu num poço de areia movediça e já não pode escapar de lá. É preciso que alguém o retire. Quanto mais tenta salvar-se sozinho, mais afunda. Ele tenta salvar-se sozinho toda vez que confia mais em si mesmo que em Deus; que acredita mais em seus próprios planos e prefere seus caminhos aos de Deus; tenta salvar-se sozinho quando sabe que Deus existe, mas caminha em busca da felicidade como se Ele não existisse.

O homem tem necessidade de crer. Por isso, quando perde a fé em Deus, vai em busca do que acreditar e deposita sua confiança naquilo que ele mesmo criou ou no que a tentação lhe propõe.

Pecar é procurar os prazeres, as grandezas e as verdades nas criaturas, em si mesmo e nos outros, em vez de procurá-los em Deus. Muitos que assim fizeram se jogaram de cabeça na dor, na confusão e no erro. Por causa de prazeres passageiros, tornaram-se merecedores de grandes tormentos eternos.

Deus não quer que o homem peque, porque o pecado o faz infeliz, estraga a sua vida e o destrói quando o separa de Deus. Pecar é o contrário de amar a Deus e não O amar torna-se o maior castigo do homem, que, por isso, não consegue viver na experiência do Seu amor, sentindo-se abandonado. Eis o castigo: quando a alma abandona o corpo acontece a morte física, quando a alma abandona a Deus, acontece a morte espiritual, porque o salário do pecado é a morte.

Mas a misericórdia de Deus é infinitamente maior do que todos os pecados que o homem possa cometer. Deus se entristece pelo fato de alguém considerar suas faltas maiores que o perdão dEle. As nossas culpas são grãos de areia ao lado da grande montanha que é a misericódia do Pai. Portanto, se você cair numa grande falta, não se desanime, nem seja duro demais com seu coração e não fique pensando ou dizendo coisas do tipo: Miserável! Sem-vergonha! Traidor! Imprudente! Desleal! Mas diga para si mesmo: "Coragem, coração! Continuemos nosso caminho e ergamo-nos novamente! Caí?! Pois bem, vou me levantar, deixar esta miséria, vou reclamar a infinita misericórdia de Deus. Ela me vai amparar daqui para a frente para que eu seja mais forte". A partir daí, vale a pena usar de todos os meios para não mais pecar. Tome a resolução de esforçar-se sempre e preferir morrer a cometer um pecado deliberado, por pequeno que seja.

ESVAZIANDO AS GAVETAS DA ALMA

O país vinha sendo atacado havia vários meses. Os soldados estavam cansados e os oficias hesitantes. Apesar de a grande resistência ser o castelo da fronteira, a tropa já esmorecia. Todos sabiam que, se o castelo fosse tomado, provavelmente a guerra estaria perdida. Por isso, era preciso encontrar o melhor general para seu exército. Então o rei propôs: Será o novo general o primeiro combatente que resolver o problema que vou apresentar.

Ele colocou, sobre uma mesa, um quadro raro, adornado com uma moldura artisticamente trabalhada em ouro puro, era a peça mais cara do castelo, de valor inestimável. O quadro era a pintura de uma cena extremamente bela, em que uma jovem lindíssima caminhava num campo, entre flores, sob o céu de um violento azul. O rei apenas disse: Aqui está o problema!

Os soldados ficaram surpresos. Estavam todos ali, parados, olhando o quadro caro com sua esplêndida donzela. O que fazer? Que charada era aquela? Aonde o rei queria chegar com aquilo?

Na mesma hora, um dos oficiais do rei avançou sobre o quadro e sacando a espada destruiu a pintura, esmagou a moldura e atirou-a pela janela; então, voltou ao seu lugar. O rei suspirou fundo e disse-lhes, confiante: "Eis o nosso novo general!".

E, sob o comando daquele homem, guardaram o castelo da fronteira e venceram a guerra.

A coisa mais importante, agora, é a sua atitude, é tomar uma decisão. Não importa qual seja o problema, ainda que seja algo lindíssimo e precioso para você; se for um pecado precisa ser eliminado. O pecado é sempre um problema. Mesmo que se trate de acabar a relação com uma mulher sensacional ou com um homem maravilhoso. Por mais lindo que seja, ou tenha sido, se você percebe que é algo errado e desagradável a Deus é preciso pôr-lhe um fim.

Existe um provérbio oriental que diz: "Para você beber vinho numa taça cheia de chá, é necessário primeiro jogar o chá fora para, então, beber o vinho". Deus não se esqueceu de você; Ele quer encher a sua taça com a vida nova, cheia de paz e de alegria que você tanto deseja; mas espera que você tenha coragem de lançar fora o chá da antiga vida e do pecado.

Limpe a sua vida! Comece pelas gavetas, armários até chegar às magoas, costumes e vícios que entulham seu coração. Nada nos aproxima tanto de um recomeço como a confissão sincera dos erros e males cometidos. Quem poderá acusar os que se arrependeram e fizeram, humildes, as confissões de sua culpa?! É o próprio Deus quem os defende e tornou-se para eles refúgio seguro em sua aflição: "Deus é nosso refúgio e força; mostrou-se nosso amparo nas tribulações. Por isso a terra pode tremer, nada tememos: as próprias montanhas podem se afundar nos mares" (Sl 45,2-3).

Quando um homem começa a renovar-se espiritualmente, começa também a ser vítima das más línguas e de seus difamadores. Quem não sofreu essa prova não começou ainda a progredir. E, quem não está disposto a sofrê-la, é porque não está decidido a converter-se.

O mundo, a carne e a tentação, qual multidão que assiste a uma escalada, não se cansarão de lhe dizer: "Que pena! Você não vai conseguir... não pode conseguir... não tem como conseguir...". Os que lhes dão ouvidos vão ficando pelo caminho, desfalecidos, desanimados, inertes... enquanto continuam a lhes gritar: "... que pena! Vocês não vão conseguir! A escalada é dura e o caminho é difícil. Isto não é para vocês".

Mas aqueles que taparam os ouvidos e permaneceram surdos a tais investidas poderão dizer na fé aos que tentavam lhes desanimar: "Podem gritar com todas as suas forças; pois ainda que emprestassem a voz do trovão não me poderiam convencer do contrário. Estou persuadido de que Deus não se esqueceu de mim. E, se por um momento, fui eu quem o abandonou, agora volto e sei que tudo posso naquele que me dá força. Jesus venceu o mundo e disse-me que tivesse confiança. Sim! Eu confio e também vencerei".

TUDO SE PÕE AO SEU ALCANCE QUANDO VOCÊ ACREDITA

Sei que há muitas pessoas angustiadas por não acreditar ser possível a própria libertação e que há muitos pais aflitos ao ver seus filhos afundarem nas drogas. Encontro homens e mulheres entristecidos por não enxergarem qualquer perspectiva de salvação para o próprio matrimônio, mas, quando há fé e o coração, por uma confiança em Deus, faz-se convencido da possibilidade de mudar tal realidade, essa mudança se põe ao seu alcance.

Tenho visto viciados crônicos se libertarem das drogas, prostitutas recuperarem a própria dignidade, famílias se recomporem, mágoas profundas se dissolverem, assassinos se converterem e buscarem a Deus cheios de arrependimento e a felicidade brotar em corações há muito castigados pela tristeza. Mas, de uma maneira particular, quero contar três situações:

Pelo poder do amor, da paciência e da oração

O adultério do Tiãozinho começou antes mesmo do seu casamento. Empresário, bem-sucedido, acabou engravidando a secretária na época em que ainda era noivo da Antonieta. Foi assim no namoro, foi assim no noivado e acabou sendo assim depois de casados.

Justamente por perceber que estava perdendo o marido, Antonieta começou seu caminho de volta para Deus. Para não ver sua família destruída, ela começou a rezar.

O Tiãozinho só conseguiu ser fiel no primeiro ano de casamento. Logo em seguida, voltou a sucumbir no adultério, mantendo vários casos e se encontrando também com prostitutas. Dizia à sua mulher que ia trabalhar, mas saía para encontrar as amantes. Houve uma época em que até participou dos Cursilhos de Cristandade, mas, como em seu coração não havia desejo sincero de mudança, acabou voltando pior do que foi.

Em resposta às preces da Antonieta, Deus colocou, no caminho do Tiãozinho, uma pessoa que o convidou para participar de um Seminário de Vida no Espírito. No começo, ele resistiu, mas acabou cedendo sob uma condição: ele queria ir sozinho, não queria que a Antonieta soubesse. Não queria ser influenciado.

Durante o seminário, no momento do batismo no Espírito Santo, algo diferente aconteceu com ele, uma experiência mística que mudaria os rumos de sua vida. Quando abriram o sacrário da igreja, o Tiãozinho pôde ver nitidamente o rosto de Jesus, olhou mais uma vez e lá estava Ele. Enquanto sentia uma queimação em seu corpo, sua língua se soltava numa nova forma de oração — a oração em línguas.

Aquele encontro com Deus arrancou-o do adultério. Como todos na região sabiam de sua má fama, ele tinha vergonha de ser visto na igreja, por isso escondia-se atrás de um mural para rezar.

No passado, ele esperava a Antonieta dormir e pulava a janela para cair nas noitadas, mas agora, quando a tentação apertava, ele pulava a mesma janela, corria para a igreja e se punha diante de Jesus em busca de forças para resistir.

Há muitos anos que o Tião é vitorioso sobre o adultério e, quando eu conversei com ele, disse-me uma coisa que jamais esquecerei: "Eu só consegui abandonar esta vida porque a minha mulher acreditou que Deus a atenderia e não desistiu de mim. Se eu pudesse dizer uma coisa a cada mulher que é vítima de um marido adúltero, diria: Não dê o seu marido de graça para o demônio, lute por ele! Não tenho dúvidas de que a minha libertação só aconteceu porque a minha mulher, em vez de brigar, xingar e querer vingança, amou-me, teve paciência comigo e rezou muito por mim."

O perdão cura

O Reinaldo e a Reinalda são casados e fazem parte daquelas pessoas que começaram a participar da Renovação Carismática Católica assim que ela chegou ao Brasil. Muito ativos, sempre estiveram à frente em trabalhos da RCC, e os conheci enquanto narravam seu testemuho. Eles tiveram quatro filhos e tudo ia bem, até que começaram a aparecer algumas dificuldades que pareciam naturais.

Certo dia, enquanto atendia ao telefone, a empregada veio ao seu encontro trazendo nos braços a filha mais nova, de um ano, Talita, que estava morta. Ela tinha se afogado na piscina da casa.

Quando Reinalda foi pegá-la, a menina quase escapou. Ela agarrou-a pelos pés e começou a chacoalhá-la. Estava morta, com os olhos esbugalhados, o corpo roxo, limoso, escorregadio. Correndo para a rua, gritando e pedindo socorro, Reinalda colocou a menina na calçada e começou a clamar: "Eu creio, Jesus, que você pode devolver a vida à Talita". Rezou um Pai-Nosso, uma Ave-Maria e colocou-a em frente à calçada dos vizinhos, pôs a mão por baixo de sua cabeça, pressionou o seu tórax, enquanto soprava em sua boca. Na quinta vez que fez isso, a criança reagiu.

Tendo a certeza de que tinha recebido esse socorro de Jesus, pelas mãos de Nossa Senhora, começou a gritar para os vizinhos: "Jesus ressuscitou a Talita... Jesus ressuscitou a Talita... ela está viva". Pegaram o carro e levaram as duas para o pronto-socorro, onde o médico constatou que a menina tinha sofrido dilatação de vértebras, parada cardíaca, parada respiratória e evacuado sobre a água, um dos sinais de morte por afogamento.

Quando Reinaldo chegou ao hospital, Reinalda foi ao seu encontro e lhe disse, entre lágrimas: "Jesus não precisa fazer mais nada para me provar que Ele é o Deus da vida".

Passado alguns dias, enquanto rezava o terço, Reinalda percebeu que Talita não estava brincando com os irmãos, foi procurá-la e encontrou-a sufocando-se com um objeto preso na garganta.

Começou a pedir: "Nossa Senhora, ajude-me mais uma vez...". Com muita dificuldade e, entre jatos de sangue, conseguiu arrancar de sua garganta uma tampinha de refrigerante enferrujada. A menina quase teve perfuração de traquéia.

Como se não bastasse, alguns dias depois, encontrou Talita desmaiada, levou-a ao médico e tiraram radiografias para ver se ela havia engolido alguma coisa de metal. Como a radiografia nada acusou, seria necessário esperar e verificar entre as fezes o aparecimento de alguma coisa. Quando a criança evacuou, ela e o marido quase não conseguiram acreditar no tamanho do objeto que estava misturado às fezes. Era praticamente impossível que aquele apito de brinquedo tivesse passado pela sua garganta e aparelho digestivo sem que ela manifestasse imenso sofrimento.

O mais trágico, porém, foi quando Reinaldo e Reinalda voltaram de uma viagem e, ao ingressar de madrugada na cidade de Sorocaba-SP, onde viviam, viram as luzes da paróquia acesas e seus amigos e parentes presentes na igreja. Reinalda teve certeza imediata de que algo terrível tinha acontecido em sua casa. Ao mesmo tempo em que descia do ônibus e avançava para a igreja, o padre vinha-lhe ao encontro para anunciar a morte de seu filho Tobias, que havia se afogado e estava no necrotério.

Tiveram que contar muito com Deus, com a oração dos amigos e o apoio da comunidade para transporem aquele momento de dor.

Numa dessas reuniões de família em que rezavam, Deus lhes deu uma promessa de libertação. Ao abrirem a Bíblia, deram com o texto de Jó 5,17-19: "Bem-aventurado o homem a quem Deus corrige! Não desprezes a lição do Todo-poderoso, pois Ele fere e cuida; se golpeia, sua mão cura. Seis vezes te salvará da angústia, e, na sétima, o mal não te atingirá". Quando proclamaram esta palavra, ouviram um grito terrível, gutural, adulto, no quarto da Talita. Correram para lá, a janela estava aberta e a menina apresentava, além de sinais de queimadura em volta da boca, um certo cheiro de água sanitária com amoníaco, enfim, estava envenenada.

Nesta hora, a família se deu conta que o que acontecia era um atentado contra a vida daquelas crianças. Alguns chamavam a polícia enquanto a mãe levava mais uma vez a menina ao hospital. Os médicos trataram a criança e tentavam acalmá-la. Também chamaram Reinalda e pediram que conseguisse uma roupa limpa para a filha.

Mas, enquanto Reinalda descansava e esperava um pouco do lado de fora do hospital, um verdadeiro alvoroço acontecia à sua entrada. Simplesmente, a empregada a quem Reinalda tinha pedido a roupa limpa e que esteve presente tantas vezes naqueles momentos de infortúnio, fora flagrada pelos médicos tentando matar Talita dentro do hospital. Pressionada pela polícia, ela confessou, friamente, que fora a autora de todos aqueles atentados.

O motivo? É que o fato de se sentir amada e acolhida no seio daquela família a fazia sentir-se como filha, e ela não descansaria enquanto não fosse a filha única.

Essa família tinha tudo para se desestruturar pelo rancor, pelo ódio e pela falta de perdão. A cegueira causada pela raiva poderia tê-los impedido de perceber que um plano diabólico estava em andamento para destruí-los e anularem a missão que Deus tinha para eles.

Mas a presença de Deus no coração de Reinalda e Reinaldo lhes conferiu uma graça, um verdadeiro milagre do Céu, a força e a coragem para perdoar desde o primeiro momento em que descobriram a culpada. Os dois perdoaram ao mesmo tempo, imediatamente, e pediram aos policiais que não batessem, nem maltratassem aquela mulher que matara seu filho. Lutaram para que, em vez de ir para a cadeia, a assassina recebesse tratamento médico-psiquiátrico.

Reinalda mesmo dizia que enquanto aquele plano maligno, diabólico, de destruição se levantava, Deus, com sua sabedoria e amor, desenrolava o seu plano de proteção e salvação. Foram inúmeras as intervenções divinas, as intuições, os socorros, as palavras de conforto e de consolo. Deus nunca os abandonou, e esse casal reconheceu, concretamente, a presença ativa dEle naquela hora difícil.

O delegado mal conseguia acreditar quando viu aquela mãe, acompanhada de um padre, visitar a assassina de seu filho. A pedido da prisioneira, Reinalda levava consigo alguns presentes e, quando a detenta, trazida da cela, entrou na sala do delegado, as duas se abraçaram. O mal foi derrotado e a vitória entregue a Deus.

Perdoar permitiu a essa família sobreviver à tragédia sem perder sua identidade; permitiu-lhe continuar sendo um ninho de amor; permitiu, apesar das saudades do Tobias, que Deus os curasse e que eles continuassem sendo felizes e superassem juntos os traumas.

Aqueles que conhecem o Reinaldo e a Reinalda sabem o quanto os dois são usados por Deus como instrumentos de cura e libertação de muitas pessoas, e isso só se tornou possível porque houve perdão. E foi a fé que lhes deu a capacidade de perdoar, arrastando consigo as bênçãos de Deus.

Ele ainda ressuscita os mortos

Eu estava apresentando um programa de televisão na madrugada, chamado "Ele está no meio de nós", quando uma senhora telefonou para participar ao vivo. Ela estava completamente dopada e, com muito esforço, conseguimos compreender que ela tinha se envenenado com duas cartelas de lexotan e vários comprimidos de dipirona.

Depois de aconselhá-la a ligar para a emergência de um hospital, nós a tiramos do ar, para que a nossa equipe de produção pudesse conseguir o seu endereço e enviar um socorro médico para lá. Continuamos a rezar por ela durante o programa, mas todos ficamos preocupados.

Na semana seguinte, ela telefonou para testemunhar ao vivo o que tinha acontecido. Desta vez, ela estava bem e feliz. Contou-nos que, por estar angustiada e deprimida, havia tomado uma overdose de remédios, mas, assistindo ao programa, ficou arrependida e desejou não morrer mais. Foi quando nos ligou pedindo oração. Nossa equipe contatou a emergência hospitalar no Rio de Janeiro, mas ela nos contou que não recebeu socorro por sua casa estar em uma área de alta periculosidade.

Ela dizia: "Se por um lado não recebi socorro físico, por outro Deus me socorreu pessoalmente. Enquanto eu continuava acompanhando a oração que vocês conduziam, sentia que a oração ia me afetando, até que coloquei para fora tudo o que tinha ingerido. Assim que o dia amanheceu, procurei um médico e contei-lhe o ocorrido. Ele respondeu-me que era simplesmente admirável eu estar viva depois de ter tomado todos aqueles remédios".

Com a voz emocionada e em meio a lágrimas, agradecia a Deus a nova chance que lhe fora dada. Ela estava simplesmente, começando uma nova vida.

Nós acreditamos e rezamos, por isso aquela mulher fora alcançada em seu sofrimento. Ela acreditou e rezou, por isso Deus pôde dar-lhe uma nova oportunidade.

DEUS É SOCORRO SEMPRE PRESENTE NA ANGÚSTIA

Deus quer que você tenha conhecimento da promessa dEle e saiba que seu coração não deixou de ser alcançado por ela. Talvez você até tivesse pensado que nada aconteceu com você pela razão de não ter se sentido comovido, ou mesmo porque não conseguiu chorar quando desejou experimentar aquelas lágrimas do arrependimento. Não se entristeça, nem desanime! Porque estes sentimentos de contrição e arrependimento são dons de Deus e Ele pode concedê-los a nós quando menos esperamos. Basta que os peçamos, humilde e insistentemente. Pois quem deseja arrepender-se e reza a Deus, no íntimo do coração, pedindo-lhe esta graça, na verdade, já se arrependeu.

Um certo teor de mágoa se aninha no nosso coração quando entendemos que Deus permaneceu indiferente à pressão perturbadora que tivemos que suportar, nas tribulações que caíram sobre nós. É que o nosso coração empedernido nos distorce o modo de ver: sentimo-nos esquecidos e desvalorizados. Mas o arrependimento devolve a visão e faz ver que Deus é socorro sempre presente na angústia.

Se as tribulações nos alcançaram, Deus se valerá delas para nos revelar tesouros mais preciosos. Tal como é preciso que caia a corrente elétrica para que sejam ativados os geradores de reserva, a força de Deus manifesta-se mais poderosamente quando se esvaem os últimos resquícios de nossas forças pessoais. Aquele que permitiu que a tribulação nos provasse estará ao nosso lado quando ela chegar. E, se Ele não impedir o sofrimento, então nos proverá de forças maiores a fim de que sejamos vitoriosos sobre a dor. Precisamos aprender a crer: Deus nunca sai de perto da pessoa que está sofrendo.

Quando uma dor é muito intensa, não se vê nada e nem se sente nada, a não ser a própria dor. É bem provável que em muitos momentos importantes e difíceis, quando mais precisarmos dEle, não o consigamos ver nem sentir. Mas Ele está ali, sofrendo conosco, cheio de compaixão. Se nos traem os nossos sentimentos, finquemos então as estacas da confiança na rocha da fidelidade de Deus e falemos com Ele. Assim que começarmos a falar com o Senhor, acreditando em sua presença, apesar de não O ver nem O sentir, teremos sua voz como resposta. Isso nos há de mostrar que Ele está ali, zeloso, presente, cuidando dos que são seus.

ORAÇÃO

"Não prestes atenção ao que fazem os pecadores; põe tua confiança em Deus, e limita-te ao que fazes. É, com efeito, coisa fácil aos olhos de Deus enriquecer repentinamente o pobre. A bênção divina não se faz esperar para recompensar o justo. Em pouco tempo ele o faz crescer e dar fruto" (Eclo 11,22-24).

Senhor Jesus, neste dia de angústia é para Ti que eu clamo, porque Tu me atenderás (cf. Sl 85,7). Eu não posso evitar esta tribulação que me atingiu, então não vou fazer outra coisa senão me esconder em tuas chagas e buscar tua proteção, para que Tu me ajudes e tires dela um bem maior para minha vida.

Meu Deus, sinto-me angustiado; meu coração está inquieto por causa desta preocupação que me atormenta. O que posso eu dizer nesta hora de angústias?! Jesus, salva-me desta hora! O Senhor jamais abandona aquele que O procura.

Se Tu, Senhor, permitiste que eu chegasse a este ponto, e que ficasse triste e abatido, é porque tens força e autoridade para me livrar. Socorre-me, então, Jesus! Pois sem Ti não tenho forças.

Ajuda-me, Senhor, a continuar, sem perder a paz do coração. Por mais forte e amarga que seja esta dificuldade, Jesus amado, eu não terei medo se Tu me segurares pela mão. Que seja feita a vontade de Deus! É tua vontade, Senhor, que o homem se converta e viva... pois, Tu não tens prazer na destruição dos teus filhos.

Embora, eu mereça estas angústias e sofrimentos por causa dos meus muitos pecados, fortalece-me, Jesus, para que eu os suporte sem me revoltar... até que se acalme esta tempestade e a tua paz repouse sobre mim.

Se o Senhor, Jesus, não fores o meu auxílio, é inútil qualquer socorro humano. Jesus, és poderoso para destruir a tentação e expulsar o tentador. Jesus, és poderoso para diminuir a força dos golpes deste sofrimento, para que eu não me desespere e desista de lutar. Como tantas vezes já cuidaste de mim e me salvaste, meu Jesus, renova sobre mim mais uma vez o teu auxílio e a tua misericórdia! Porque a minha confiança está posta sobre Ti.

Meu Salvador e meu Deus, eu Te louvo, porque quanto mais difícil é para mim vencer esta situação, mais perto eu estou de ser libertado, pois o que não posso pelas minhas próprias forças já não depende de mim e, dependendo apenas de Ti, sei que tudo farás para me livrar.

Louvores e glórias ao Senhor, porque os teus olhos estão voltados para os que confiam em Deus. Jesus, Tu és o meu poderoso protetor. Jesus, Tu és o meu socorro incontestável. Jesus, Tu és o lugar onde me escondo contra a violência das tentações e da tristeza. Só em Ti, Jesus, encontro a força para suportar os choques. Só em Ti, Jesus, o amparo contra a queda. Pelo poder do teu nome, levanta a minha alma; pela força do teu Espírito, ilumina os meus olhos. Pela salvação que Tu conquistaste com o teu sangue, restitui a minha saúde, renova a minha vida e derrama sobre mim a tua bênção.

EXERCÍCIO ESPIRITUAL

1. A partir da leitura de Eclo 2,7-23, peça a Deus que revele a você a causa ou as causas pelas quais ainda existem coisas que não estão bem em sua vida. Anote-as.
2. Todo o mal e toda desordem nascem do pecado. Tente fazer uma boa revisão de consciência e procure detectar os pecados que ainda não foram confessados e não deixam você ter paz.
3. Se você se arrepende destes pecados e quer romper com eles, convide o Espírito Santo a conduzi-lo a uma profunda oração de renúncia e pedido de perdão. Faça a entrega de toda a sua vida nas mãos de Deus.
4. Se o seu coração acusar você pelos erros e pecados do passado, repita para você mesmo: "Podem ser grandes os meus pecados, mas o amor que Deus tem por mim é ainda maior; e Aquele que me ama, nunca me esquece".

QUATRO

QUANDO O QUE PARECIA IMPOSSÍVEL SE TORNA REALIDADE

Talvez faça algum tempo desde que você vem sendo afligido por alguma situação ou coisa que o fez desejar ter o poder de acabar com a causa de seu sofrimento.

Talvez você já venha tentando de tudo, seguindo fielmente todas as dicas e experimentando novas técnicas e idéias, na esperança de encontrar, ao menos, algum alívio para sua dor. Mas a questão é que a chave para se vencer o mal, qualquer que seja ele, não é uma idéia, estratégia ou coisa, e sim uma pessoa: Jesus! Só Ele detém o poder de anular as forças de destruição e morte que agem neste mundo.

O que você não tem forças para mudar, as realidades que lhe são impossíveis superar, todas as tramas da vida que foram aos poucos apagando a sua esperança perdem o seu poder na presença de Jesus.

Contra todas as portas que lhe foram fechadas, Deus coloca, hoje, à sua frente, uma porta aberta que ninguém pode fechar (Ap 3, 8). Jesus é a porta, e quem entra por essa porta encontrará segurança, liberdade e não lhe faltará nada (cf. Jo 10,9). Quem poderá medir a gratidão de uma pessoa que, sendo perseguida por furioso inimigo, vê que alguém lhe abriu a porta de casa e lhe oferece proteção?

Porque não temos forças de chegar até Deus, Ele veio a nós; porque temos um inimigo, que nos ataca e nos assola com toda espécie de males, Deus se pôs ao nosso lado na luta e pode nos fazer vencer.

Um dos grandes homens da guerra afirmou: "Se conhecemos o inimigo e a nós mesmos, não precisamos temer o resultado de uma centena de combates. Se nos conhecemos, mas não ao inimigo, para cada vitória sofreremos uma derrota. Se não nos conhecemos nem ao inimigo, sucumbiremos em todas as batalhas" (Sun Tzu).

É importante compreender o que está acontecendo conosco e com o mundo, saber de onde vêm certos golpes que nos assaltam e contra o que estamos lutando. O homem tem um inimigo imensamente mais poderoso que ele e não o pode vencer com suas próprias forças. Esse inimigo quer fazer dele um escravo de seus caprichos e usa de todas as artimanhas para mantê-lo sob seu domínio.

CUIDADO! A VIDA TEM SUAS ARMADILHAS

O espírito maligno, sabendo que nada pode contra as pessoas que entraram por essa porta que é Jesus, enche o caminho de armadilhas para as desviar e impedir que cheguem até Ele. São espantosas as ciladas e estratégias do mal para que as pessoas não se conheçam, não progridam, nem entendam o caminho a seguir.

O homem foi criado para o céu; o demônio quebrou a escada que levava ao céu e, com toda sorte de perversões e mentiras, tenta que ele acredite que, com suas próprias forças e invenções, pode se fazer igual a Deus e tornar-se o dono da própria felicidade. Por isso é tão importante tomar a decisão, livre e conscientemente, de não depender de nada, nem de ninguém que não seja Deus.

Uma dessas armadilhas é levar as pessoas a viverem de aparências exteriores, fazendo-as acreditar que a felicidade está em "ter" e "poder", que é mais feliz quem possui mais bens, que todos os problemas estão resolvidos quando se tem dinheiro, que se pode comprar a felicidade e dar segurança à própria vida. Enquanto o homem não se contenta em ter o necessário, continua empenhado em buscar o supérfluo e torna-se insaciável e infeliz, porque nada é suficiente para quem não pôs limites em seus caprichos. Com essa artimanha, Satanás leva o homem a depositar sua confiança não em Deus, mas em suas próprias capacidades.

Outra de suas armadilhas é influenciar e seduzir os homens para que acreditem que é possível manipular as realidades sobrenaturais, dominar pessoas e situações por meio do satanismo, bruxaria, feitiçaria, adivinhação, esoterismo, etc. Mas, em vez disso, quem tenta dominar o seu semelhante acaba dominado pelo mal. O envolvimento com tais coisas é adultério contra Deus; manifesta que deixamos de confiar nEle, que não cremos mais em seu amor, para pôr a confiança em poderes ocultos e forças malignas. Com essa loucura, ofende-se Deus que nos faz somente o bem e contenta-se o demônio que quer somente nos fazer o mal.

Mas o maligno não consegue influenciar nem seduzir ninguém se não encontra terreno propício. Quando o homem se inflama pela ambição, seu desejo pervertido o faz acreditar nas sugestões do mal. Quando o homem tem medo de algo, o medo abre uma brecha em sua alma pela qual se infiltram suas insinuações. Por estas duas portas, o desejo pervertido e o medo, o demônio se apodera do homem.

Dois tipos de pessoas são os principais alvos de assédio da tentação: as que querem sair do pecado e as que estão em estado de graça, porque as outras já lhe pertencem, não precisa tentá-las. Ela deixa bem tranqüilos os que estão no pecado, nem se preocupa com eles. Mas, contra aqueles que fazem o bem, ela suscita muitíssimas ofensas e intermináveis calúnias.

VOCÊ PODE VENCER

Como o guerreiro valente não teme o combate, o homem de Deus não deve temer a tentação. Todo mundo é valente quando não existem dificuldades, conflitos e guerras, mas é no campo de batalha que se descobre os homens valorosos. Nosso campo de batalha é a terra, não existe um lugar nela onde possamos escapar da luta contra o mal. Mas, se tivermos a graça de Deus, que nunca nos é negada, poderemos triunfar.

É preciso estar sempre pronto para a luta. Quando um país está em guerra, põe sentinelas, vigias e espiões por todos os lados a fim de ver se o inimigo se aproxima. Da mesma maneira, o homem de Deus está sempre atento para ver se o inimigo não está lhe preparando armadilhas e se não está vindo pegá-lo de surpresa.

Você tem o poder de bater a porta na cara da tentação. Ela vai tentar entrar, vai importunar você, irá bater contra a porta. Mas, ao perceber que a porta foi fechada com determinação, ela passará adiante. A tentação só entra se você esquece a porta aberta, ou não a fecha direito. Cuidado! O tentador não pode arrombar a porta, mas tem muita astúcia para persuadir a abri-la e quem a abre somos nós por meio de nossa liberdade.

A experiência mostra que quem recorre a Deus nas tentações não cai; quem não recorre cai. Especialmente nas tentações de caráter sexual. Para vencermos, temos necessidade absoluta da ajuda de Deus, e há três meios poderosos para nos fazer vencer, desde que os usemos: a oração, para nos esclarecer, os sacramentos, para nos fortalecer, e a vigilância para nos preservar. Vigiar também quer dizer: não ficar dialogando com o tentador. É ter a coragem de fugir e a esperteza de não brincar com a própria fraqueza para ver até onde se consegue agüentar. A pessoa imprudente mede forças com a tentação, mas o homem de Deus corta-a, imediatamente, sem concessões.

No entanto, se você cair, seja humilde e não se volte contra si mesmo, irritado e enraivecido. Às vezes, a tentação procura nos convencer de que é uma coisa boa ficarmos com raiva de nós mesmos por termos pecado. Com isso, ela quer é piorar a situação e arrancar a nossa paz para que não consigamos realizar bem algum.

Se o doente insistir em esconder do médico a sua doença, como este poderá curá-lo? Se você se sente atingido, fraco e adoecido, mostre sua enfermidade a Jesus e, em hipótese alguma, a esconda. O mais importante é que você se determine e tome uma decisão, porque o maligno não tem medo das pessoas indecisas. Quando você firma o propósito de reconhecer seus pecados, por meio da confissão, e se recusa a ceder às seduções do mal e às fraquezas da carne, é certo que você atiça a ira do inimigo de Deus mas, ao mesmo tempo, firma com Deus uma paz inabalável... Se aceitarmos as suas decisões, se quisermos o que Ele quer e reprovarmos o que Ele reprova, Ele próprio combaterá por nós. Ele que nos faz querer nos fará igualmente poder (Fl 2,13). Uma confissão bem-feita desarma o tentador e anula a tentação; ela é como uma janela que se abre ao sol, tem a faculdade de dissipar as trevas.

DEUS GUARDOU O MELHOR PARA VOCÊ

Certa vez li um testemunho que significou bastante para mim. Era sobre um rapaz que estava acostumado a ir à noite a uma piscina coberta. De vez em quando encontrava ali um homem que fazia uma coisa engraçada: antes de saltar, ele sempre ia até a água e molhava as pontas dos pés. Depois subia no trampolim mais alto e com um esplêndido salto mergulhava na água. Era um excelente nadador.

Um dia o rapaz tomou coragem e perguntou por que fazia aquilo. O homem sorriu e respondeu: "Sim, eu tenho um motivo para fazer isso. Há alguns anos, eu era professor de natação de um grupo de homens. Meu trabalho era ensiná-los a nadar e a saltar de trampolim. Certa noite, não conseguindo dormir, fui à piscina para nadar um pouco. Sendo o professor de natação, eu tinha uma chave para entrar no clube. Não acendi a luz porque conhecia bem o lugar. A luz da lua brilhava através do teto de vidro. Quando estava sobre o trampolim, vi minha sombra na parede em frente. Com os braços abertos, minha silhueta formava uma magnifica cruz. Em vez de saltar, fiquei ali parado, contemplando aquela imagem".

O professor de natação continuou: "Nesse momento, pensei na cruz de Jesus e o que significava para mim. Eu não era um cristão, mas quando criança meus pais me ensinaram que Jesus tinha morrido para nos salvar por meio de seu precioso sangue. Não sei quanto tempo fiquei parado sobre o trampolim com os braços estendidos e nem compreendo por que não pulei na água.

Finalmente voltei, desci do trampolim e fui até a escada para mergulhar na água. Desci a escada e meus pés tocaram o piso duro e liso... Na noite anterior, haviam esvaziado a piscina, e eu não tinha percebido! Tremi todo e senti um calafrio na espinha. Se tivesse saltado, seria o meu último salto. Naquela noite, a imagem da cruz na parede salvou a minha vida.

Fiquei tão agradecido a Deus, que, em Sua graça, permitiu-me continuar vivo. Ajoelhei-me na beira da piscina. Tomei consciência de que não somente a minha vida, mas minha alma também precisava ser salva. Para que isso acontecesse, foi necessária outra cruz, aquela na qual Jesus morreu para nos salvar. Ele me salvou quando confessei os meus pecados e me entreguei a Ele. Naquela noite ele me salvou duas vezes. Agora tenho um corpo sadio, porém o mais importante é que a salvação entrou em meu coração. Você agora já compreende por que molho as pontas dos pés?".

Esta é a melhor de todas as descobertas que alguém poderia fazer: há uma solução para sua vida; há uma solução para este mundo. Seu nome é Jesus. Ele veio para salvar e curar todos os que dEle precisam. O inimigo que não éramos capazes de vencer teve nEle a sua derrota. Jesus derrubou-o de seu trono (cf. Lc 1,52), esmagou a cabeça dele (cf. Gn 3,15), derrotou seu império e destruiu seu mundo de trevas (cf. Jo 16,33).

ARRANCANDO PELA RAIZ O CÂNCER DA ALMA

Quando alguém que padece de uma enfermidade incurável descobre que foi encontrada a cura para sua doença, a primeira coisa que deseja é receber o tal remédio. Seu corpo aflito clama por socorro imediato. Mas, quando a afetada é a alma, o que fazer? Como agir quando descobrimos que existe um mal dentro de nós, bem lá no fundo do nosso coração? Uma coisa é certa: não o queremos dentro de nós, nem que domine nossa vida, e, para tanto, precisamos de ajuda para vencê-lo.

Jesus é aquele que veio não só para arrancar os sofrimentos, as maldades e as enfermidades deste mundo, mas também para destruir a causa de todo o mal que é o pecado.

Assim que reconhecemos que a ajuda que precisamos vem dEle e admitimos a necessidade que temos dela, o Espírito Santo começa a nos revelar a verdade que abre o nosso entendimento para uma vida nova e cheia de liberdade, em que somos livres do domínio do mal. É um segredo que se desvela ante os nossos olhos.

Esta descoberta levou Paulo a parar de dizer: "... quero, mas não consigo". E colocou em sua boca uma palavra nova: "De agora em diante, já não há nenhuma condenação para os que estão em Jesus Cristo" (Rm 8,1). Acaba uma vida velha e começa outra inteiramente nova, porque nós estávamos mortos por causa de nossos pecados, e Jesus nos chamou de novo à vida, em sua companhia. Ele nos perdoou todos os nossos pecados, anulou tudo o que pesava contra nós e cancelou a nossa condenação de uma vez por todas. Com sua cruz, fez-nos livres para sempre (cf. Cl 2,13-14). Nessa hora, Deus torna realidade aquilo que nos parecia impossível: uma vida inteiramente nova.

PARA QUE VOCÊ SEJA LIVRE

Com sua cruz, Jesus libertou você de todos os seus pecados. Por isso, você já não precisa viver segundo a carne, pois não deve nada a ela (Rm 8,12). Pode jogar fora o peso do pecado que estava amarrado em suas costas e quebrar todo o jugo de Satanás. Você está livre!

Sabemos que o nosso velho homem foi crucificado com Ele, para que seja reduzido à impotência o corpo outrora subjugado ao pecado, e já não somos escravos do pecado. Pois quem morreu libertado está do pecado. Ora, se morremos com Cristo, cremos que viveremos também com Ele (Rm 6,6-8).

A escravidão ao pecado é um assunto morto, encerrado. O pecado não deixou de existir, o homem que pecava também continua existindo, mas a tirania que o mal exercia sobre as pessoas foi crucificada com Jesus e aniquilada. O homem pode ir livremente e gritar com todas as forças aos quatro ventos: a escravidão morreu.

O homem de Deus pode até voltar a cair nos mesmos erros, por uma fraqueza ou por se deixar enganar, mas, de maneira alguma, isso o torna escravo novamente. Ele está livre, mas precisa exercitar sua liberdade. Assim como Jesus não pode obrigá-lo a agir como alguém livre, Satanás não pode forçá-lo a retornar à vida de escravidão. A partir de agora tudo depende da escolha do homem.

Nosso Deus é o Deus do perdão e, quando Ele perdoa, é para sempre. Por isso, você pode pensar em você mesmo como alguém desobrigado e pode escolher viver sua vida como uma nova pessoa. A escolha é sua. Jesus não pode obrigá-lo a fazer o bem, e o maligno não pode obrigá-lo a fazer o mal. Mas quem está livre precisa agir como uma pessoa livre, direcionada para o bem.

Quando Deus olha para você, Ele não vê um escravo, nem vê um condenado... Para Ele, você é um rebento de esperança, um homem novo, que Jesus tornou livre e santificou. Por isso, os olhos de Deus se enchem de alegria ao ver você.

Já não é certo dizer: "Não consigo parar de pecar". Precisamos nos libertar também desse tipo de mentalidade e de conversa. Se o demônio não nos pode obrigar a pecar, somos levados a admitir que é o nosso desejo pervertido que ainda tenta nos arrastar.

Todo aquele que fica desculpando a sua fraqueza, dizendo-se incapaz, com dó de si mesmo, continuará vivendo como se fosse um escravo, apesar de não o ser.

O que fazer, então? Arregaçar as mangas é a resposta. Pôr-se a trabalhar para disciplinar esse desejo pervertido, desenfreado e louco. Sem a disciplina necessária, abusamos da liberdade e retornamos ao erro. Sem disciplina, não há felicidade. "É para que sejamos homens livres que Cristo nos libertou. Ficai, portanto, firmes e não vos submetais outra vez ao jugo da escravidão" (Gl 5,1).

Não basta apenas dizermos que Jesus nos libertou para que todos os vícios e tendências ao mal nos caiam das costas, de uma só vez. A liberdade já é nossa, mas precisamos possuí-la cada vez mais destruindo, em nós, um vício de cada vez. Mas de que maneira? Tomando uma atitude, afastando-nos das velhas amizades que nos mantinham no pecado, evitando as ocasiões que nos levavam a fraquejar, assumindo que essa liberdade é para nós, reivindicando-a como nosso direito. A partir de agora, contamos com a maravilhosa força de Deus para vencer o pecado, e a tentação já perdeu todo o seu poder de domínio sobre nossa vida.

HÁ UM SOCORRO SOBRENATURAL À SUA ESPERA NA HORA MAIS DIFÍCIL

Quero dizer algo, em especial para você que tem enfrentado terríveis tentações: Deus não deixa sozinho nenhum de seus filhos na batalha contra as próprias paixões ou contra qualquer tipo de mal. Ele fornece todo o socorro sobrenatural necessário.

Para comer o pão, é preciso triturar o trigo com que se vai fazê-lo; da mesma maneira, a tentação não domina ninguém sem antes tê-lo abatido e triturado pela tribulação. O adversário abate-o, tritura-o, para dominá-lo. Por isso, quando você for açoitado pela tribulação, permaneça firme, não se perturbe e o mal não o derrotará.

A questão é que muitas pessoas se entregam sem sequer lutar, não oferecem resistência e não contam com este socorro sobrenatural. Apenas vislumbram a tentação e já depõem suas defesas porque acreditam ser inúteis todos os seus esforços. Comportam-se como se a tentação fosse uma daquelas doenças incuráveis que só abandonam a vítima depois de aniquilá-la. Dobram-se de desânimo ao sentirem despertar seus desejos pecaminosos, enquanto exclamam: "Ai! meu Deus! Não tenho forças. É certo que vou cair outra vez".

Será que não sabiam que Deus lhes reservou um auxílio espiritual exatamente para essa hora?! O que Deus lhes prometeu tornou-se um "direito" e, sendo direito adquirido, pode ser requisitado, sem recusas e sem demoras.

"Não vos sobreveio tentação alguma que ultrapasse as forças humanas. Deus é fiel: não permitirá que sejais tentados além das vossas próprias forças, mas com a tentação ele vos dará os meios de suportá-la e sairdes dela" (1Cor 10,13). Trata-se de uma promessa de Deus. Ele não só livrou o homem do pecado, como deu-lhe forças para não voltar a ele.

Quando a tentação investe toda a sua energia contra uma pessoa, Jesus permite que essa pessoa lute enquanto pode. E, quando já não pode, Ele mesmo a sustenta e abre-lhe uma saída para que ela consiga escapar. O amor de Deus mantém sempre aberta uma porta onde o homem possa se refugiar.

"Nossa alma escapou, como um pássaro, dos laços do caçador. Rompeu-se a armadilha, e nos achamos livres. Nosso socorro está no nome do Senhor, criador do céu e da terra" (Sl 123,7-8).

Para impedir o homem de optar pelo pecado, Deus teria de destruir a sua liberdade, e Ele jamais fará isso. Então, quando um homem que confia em Deus pede a Sua ajuda, Deus não atua contra a sua vontade, mas age contra a tentação: como um pai que, não podendo impedir seus filhos de ser seduzidos por traficantes ou usuários de drogas, muda sua família de cidade para que isso não aconteça.

Deus é um Pai amoroso e não poderia ficar com os braços cruzados ao ver seus filhos queridos ser dominados por alguma influência maligna. Ele quer levá-los para longe da tentação ou, de alguma maneira, colocá-la fora de seu alcance, mas espera que esses mesmos filhos, vendo seu amor, aprendam a obedecer a Ele de todo o coração.

As tentações devem ser combatidas como o próprio Jesus as combateu: com a Palavra de Deus. A maioria delas se desmantela quando as confrontamos com a verdade que está nas Sagradas Escrituras. Mas existe um outro tipo de tentação mais voraz e impertinente, uma espécie de espinho na carne que só pode ser vencida com uma ajuda sobrenatural. Essa tentação se verifica, muitas vezes, sobre pessoas que se converteram de instrumentos do mal em instrumentos de Deus.

Os santos reconhecem que o maligno aproveita os talentos naturais das pessoas que ele domina para realizar suas obras más, principalmente das que possuem forte liderança e aparecem como modelo para as outras. Quando uma dessas pessoas, que eram úteis em suas mãos, volta-se para Deus e o abandona, ele exercita contra ela todo o seu furor, luta contra ela e espanca-a com violentas tentações, uma após a outra.

Santa Teresa vislumbrou o quão horrível é estar sob o domínio do mal em suas lutas contra o demônio: "Como o meu tormento não cessava, falei às irmãs que me rodeavam: 'Eu pediria água benta se vocês não rissem de mim por isso'. Trouxeram-me a água benta e a jogaram sobre mim, mas de nada adiantou. Então, atirei-a onde estava o demônio e, na mesma hora, ele se foi e todo o mal desapareceu, como se tivesse sido retirado por uma mão. Mas eu fiquei muito cansada como se houvessem me dado várias pauladas. Foi muito proveitosa, para mim, essa situação, porque me fez ver que, se Deus permite, o demônio que faz tanto mal a uma pessoa cujo corpo e a alma não lhe pertencem, o que não fará, então, com aqueles que ele possui! E fiquei muito motivada em me livrar de tão má companhia" (cf. *Vida de Sta. Teresa de Jesus.* cap. XXXI, par 5).

Essas tentações revelam um ataque direto e pessoal do maligno. São Paulo conta que sentia-se "comprimido por aflições de todos os lados, combates por fora e temores por dentro" (cf. 2Cor 7,5).

Talvez você venha se sentindo como Paulo, aflito e acossado por uma tentação que não o abandona... Saiba que muita gente boa e sincera que teve um encontro com Jesus, que voltou para Ele seu coração, tem sido açoitada com tentações terríveis de homossexualismo, drogas, álcool, adultérios, etc. Algumas vezes, quando essas pessoas não conseguem resistir, ficam tristes, abatidas, cheias de remorso e culpa, sentem-se frustradas e impotentes. Não conseguem compreender a razão pela qual, apesar de acreditarem no poder de Nosso Senhor Jesus Cristo e de já terem obtido muitas conquistas no campo da libertação, continuam sendo vítimas de um pecado insistente e de uma tentação obcecante.

Coragem! Eu vi pessoas viciadas, que fumaram durante anos a fio, tomarem verdadeira repulsa do cigarro. Vi outras que foram dependentes químicos e se sentem desprovidas de qualquer desejo pela droga. Vi, ainda, gente que havia se lançado numa vida de pesada promiscuidade e que sentem náuseas com sua lembrança. O Senhor livrou-as até mesmo do gosto que sentiam pelo seus vícios.

Deus pode, por causa de uma oração insistente e um desejo sincero, tornar repugnante um pecado que outrora era tão atraente. Pode desviar você das ocasiões propícias para a queda. Afastar pessoas que lhe corrompiam e levantar uma muralha de proteção à sua frente. Ele também pode falar em seu coração, enviar alguém para que o ajude, aconselhe e corrija. Mas, de tudo isso, o que é mais certo e garantido é que Ele vai intervir e responderá à oração, tornando possível vencer até mesmo a mais violenta tentação.

Mas é muito importante frisar que isso acontece quando Deus encontra uma pessoa verdadeiramente comprometida com a sua luta pela própria liberdade. Para essas, Ele abre um caminho de vitória.

O homem vê o rosto, mas Deus vê a alma e sabe o que vai dentro do coração. As pessoas que estão apegadas aos seus desejos pervertidos e que, na verdade, não querem perder aquele prazer pernicioso, excluem-se a si mesmas de receber este socorro sobrenatural. Se não se comprometerem com a própria transformação, nada feito! Se a pessoa não deseja ser libertada, Deus respeita a sua escolha, e ela permanece no erro. É por isso que quem brinca com o pecado tem de enfrentá-lo com as próprias forças e, em geral, não se livra dele.

Mas a pessoa que aceitou a salvação que Jesus veio trazer poderá contar com toda ajuda e socorro vindos do céu. Deus, em seu amor, vendo a sua luta, será para ela vitória e libertação em todo o tempo; porque "o Senhor ama os que detestam o mal, vela pelas almas de seus servos e os livra das mãos dos ímpios. A luz resplandece para o justo, e a alegria é concedida ao homem de coração reto" (Sl 96,10-11).

Uma luz resplandece no meio da escuridão e todas as portas são abertas para o homem e a mulher de Deus. No exato momento em que nos resgatou, Jesus abriu para nós todas as possibilidades de uma vida feliz e cheia de paz. Ele, que fez cegos enxergarem, levantou paralíticos, devolveu a audição, enxugou muitas lágrimas e fez até mesmo pessoas mortas voltarem a viver, pode livrar-nos de tudo aquilo que está amarrando a nossa vida: opressões, sistemas alienantes, injustiças, medos, dependências, enganações, etc.

Quando a situação difícil estiver além de suas forças, clame a Deus pela sua intervenção sobrenatural, mas peça com fé, acreditando que Ele intervirá.

A PISCINA MILAGROSA

Havia em Jerusalém uma piscina milagrosa, e a primeira pessoa que se jogasse dentro dela quando as águas se agitavam ficava curada de qualquer mal que tivesse. Sei, por experiência, que essa piscina é o próprio Deus, e que devo descer confiantemente e banhar-me em suas águas restauradoras. Tudo de que preciso está ali.

Os momentos em que fraquejo, sou infiel ou me entristeço acontecem pelo fato de, por alguma razão, eu ter deixado de descer a essas águas, por ter me distraído e deixado de ir ao encontro de Deus.

Basta que me aproxime do Senhor para ver que todo o meu passado, mesmo o último segundo que passou, está perdoado; que Deus está ao meu lado, agora, dando-me a sua força e a sua vida; que um futuro novo, com horizontes amplos e cheios de possibilidades, sorri para mim e caminha ao meu encontro de braços abertos. Nem a minha inconstância, nem a minha falta de fé podem diminuir esta verdade; ela permanece inabalável, qual alta montanha de alicerces firmes sobre a terra e cujo topo toca o céu. Se a minha vista escurece e se já não consigo enxergar, ainda assim sei que a minha montanha está lá. Saber disso me faz imensamente feliz!

Acreditar é o meio mais pródigo para se aproximar de Deus. A fé traz a resposta de nossas orações em suas asas, pois o Senhor de todo o bem, que dá tudo a todos, determinou que é preciso crer para receber.

O coração desconfiado está sempre perguntando: "Por que isso aconteceu? Por que comigo? Por que assim? Por que... por que... por que... por que... ?". Em vez de ter confiança, ele está cheio de "porquês". Mas a fé tem uma resposta para todos esses "por quês", e a resposta é Deus! Conte com a misericórdia dEle.

Quando, em oração, um homem mantém sua confiança em Deus, faz bem todas as coisas. E, em pouco tempo, é capaz de realizar muito, porque o Senhor está com ele. Quando o homem acredita, o mundo muda à sua volta, e, quanto maior é a sua fé, maior é o alcance dessa transformação; uma fé perfeita poderia mudar a história de toda a terra. Você não gostaria de ser essa pessoa nas mãos de Deus?

A oração da fé é sempre nova, cheia de esperança e de verdade; Deus a sustenta em seu amor e, por isso, ela pode levar a salvação para muitas pessoas. Quando alguém reza de todo o seu coração e pede esse socorro sobrenatural, quando, precisando muito de Deus, clama pela intervenção do Senhor, o céu e a terra dizem amém. Daí é só esperar o que já foi alcançado!

Acredito que a esta altura muitas coisas já estejam mudando em seu coração. Acredito que descer a essa piscina milagrosa, que é Jesus, tornou-se mais fácil do que você imaginava. Como eu sempre rezo pelas pessoas que entram em minha vida, e também por aquelas que por meio de um livro meu ou de uma palestra minha tenham encontrado a oportunidade de se aproximar de Deus, ou de ganhar forças para vencer as dificuldades, quero que você saiba que seria uma alegria poder saber como este livro está ajudando você, mediante uma carta ou *e-mail.*

ORAÇÃO

Senhor Jesus, eu sou este enfermo que precisa descer até a piscina milagrosa que é o Senhor. O pai do céu me deu toda vida e saúde espiritual no dia do meu batismo, mas um desastre, chamado pecado, entrou em minha vida e me tirou tudo.

Não posso resolver o meu problema sozinho e não há ninguém que possa me livrar deste mal. Mas, neste momento, eu estou aqui, Senhor, em oração. Durante muito tempo eu me escondi de Ti, outras vezes não tive forças de buscár-Te, mas tu, Senhor, tiveste compaixão de mim e me tomaste no colo.

Não quero só ouvir falar de Ti, Senhor, não quero só ler coisas a teu respeito. Hoje, eu quero experimentar-Te, quero ver-Te com os olhos da minha fé. O poder de Deus estava naquela piscina de Siloé... Jesus, és mais que aquela piscina. Como curaste no passado, podes me curar agora. Apenas Tu, Senhor, tens o poder para nos salvar.

Tem misericórdia de mim; segura a minha mão e me conduz neste momento em que não sei o que fazer. Quero ter um momento contigo, Senhor, que seja só meu e teu. Eis-me aqui! Quero ser conduzido por tua mão! Estou cansado de cair em armadilhas e me ferir por dar ouvidos a quem não devia.

Jesus, as traições, as armadilhas, as pedras de tropeço que foram postas em meu caminho, as vezes que fui abandonado e desprezado, ensinaram-me a desconfiar; por isso, Senhor Jesus, tenho dificuldades em me entregar, tenho de ir aos poucos, fazendo testes. Arranca de mim este medo que me impede de me entregar inteiramente a Deus.

Desta vez, quero me entregar para valer, estou colocando toda a minha confiança em Ti, sem reservas.

Aceito ir aonde tu, Senhor, quiseres me levar, desde que eu seja conduzido por teu Espírito. Quero estar contigo, Jesus! Quero experimentar o que é ser guiado por Deus. Quero estar contigo de uma maneira particular! Quero ser atendido pessoalmente por Ti, porque estou precisando de uma atenção especial.

Estou disposto a abandonar qualquer coisa, até mesmo a minha cura, para estar a sós contigo. É só o que me importa. Eu me abandono inteiramente em tuas mãos, porque confio.

Quero sentir o teu amor, quero sentir que não Te escandalizas com os meus pecados, que não me rejeitas por minhas fraquezas e incapacidades. Tu sabes o que é bom para mim e me farás mais do que eu preciso.

Jesus, muitas pessoas já me deixaram por causa dos meus defeitos e pelas coisas que fiz, muitas me disseram coisas dolorosas e me abandonaram por causa das minhas feridas. Faze-me sentir a tua presença, faze-me perceber que não me abandonas e não me desprezas pelo que os outros me rejeitaram. Quero sentir que Tu me aceitas com os defeitos que tenho.

Jesus, quero ser tocado por Ti! Impõe suas mãos sobre a minha cabeça e me faz sentir que me amas como sou. Sei que Tu amas o enfermo e o pecador e que tem o poder de me curar. Onde é grande a miséria, maior ainda é a tua graça.

Arranca de mim os meus medos e receios, liberta-me dos meus complexos e de toda desconfiança. Tu sabes quando e como eles entraram em minha vida.

Vem tomar posse de mim e faze da minha vida o que o Senhor achar melhor. Muitos fogem dos doentes, mas Tu, Senhor Jesus, colocas as tuas mãos justamente sobre as enfermidades. Tu, Senhor, tocas, precisamente, as áreas mais enfermas e apodrecidas, porque são as que mais precisam do teu amor. Ao que está vazio, Tu enches com a tua misericórdia. Não existe coração aflito que não possas curar, nem ferida que não possas fechar. Cura-me, Jesus! Tu sabes qual é a minha enfermidade. Cura-me fisicamente, Senhor, porque o Deus que cura a alma cura também o corpo adoecido. Vê, meu Deus, as minhas enfermidades e sofrimentos; eu os entrego a Ti. Toca-me! Impõe tuas mãos sobre mim e ficarei completamente curado!

Jesus, pelo poder do teu nome, pelo amor que tens ao Pai do céu, pelos pedidos de tua mãe, Maria Santíssima, a quem recorro, atende-me! Pois, para Ti, não existem enfermidades incuráveis. Nada é impossível para Deus. Porque o Pai do céu lhe conferiu todo o poder. Nem o pecado, o pior de todos os males, fica sem solução diante de Ti, Jesus.

Entrego-lhe toda a minha vida, os meus problemas e principalmente o meu pecado. Tudo o que eu tenho e sou deposito em tuas mãos chagadas: o meu trabalho, a minha família, os meu bens materiais, os meus sonhos, meus sentimentos... invejas, ciúmes, rancores, etc., as pessoas que me ofenderam e não consigo perdoar, as pessoas que ofendi e que não me perdoam... perdoa-me, liberta-me, cura-me, salva-me!

Não quero mais procurá-lo apenas quando estou desesperado e precisando de socorro, não quero me aproximar de Ti, Senhor, apenas para pedir favores. Quero viver sempre contigo, quero ser teu amigo. Ao teu lado vou aprender a amar o meu próximo e a mim mesmo, a valorizar as pessoas mais que as coisas.

Senhor Jesus, a minha maior doença, o meu pior defeito, o pecado mais terrível que tenho é..........................., não consigo desvencilhar-me dele e muitas vezes fico triste e abatido por isso. Quero que Tu estejas, a partir de agora, entre mim e esse meu pecado.

Assim como o Senhor pôs as mãos sobre mortos, paralíticos, surdos e também sobre os olhos do cego, eu empresto-Te as minhas mãos para que as coloques sobre os meus olhos e sobre o meu coração (neste momento, ponha as mãos sobre os seus olhos). Devolve-me a visão espiritual, que eu possa ver com horror os meus pecados e me alegrar com a grandeza da minha salvação, que as tuas mãos sejam a partir de agora as lentes de tudo o que vejo, que sejam um filtro também e purifiquem o meu olhar para que eu veja como Tu vês e ame como Tu amas.

Liberta-me de todo egoísmo e faze-me olhar para os que estão à minha volta, que eu não pense só em mim e no meu conforto, que eu não me feche em mim mesmo mas que o teu amor me faça correr ao encontro de quem precisa de mim.

Eu Te louvo, Jesus, porque Tu me escutas e atendes a minha oração. Eu Te bendigo pela tua palavra que me enche de esperança e ilumina a minha vida. Eu Te glorifico porque me livras das trevas, abres os meus olhos e restauras as minhas forças na luta contra o mal.

Glórias e louvores a Ti, porque sei que estás ao meu lado e posso vencer todos os obstáculos que se põem diante de mim. Sou o único responsável pelas minhas escolhas e escolho aceitar a tua salvação.

Jesus, Tu és o meu único dono e Salvador. Amém!

EXERCÍCIO ESPIRITUAL

1. Nas horas de tentação reze: "Jesus, Filho de Davi, tem compaixão de mim, salvai-me!".
2. Nas horas de perigo e opressão, reze: "Chagas abertas, coração ferido, o sangue de Cristo está entre nós e o perigo!".
3. As nossas armas são espirituais, para combater com o bem, pelo bem e para o bem. Então, use a espada da bênção. Abençoe as pessoas à sua volta, mesmo as que lhe fazem mal, abençoe as coisas, as situações e não amaldiçoe nada nem ninguém, em hipótese alguma. Vamos permear com a salvação que vem de Deus, tudo o que está à nossa volta, abençoando.
4. Lembre-se de recorrer ao céu! Nele está a ajuda necessária para aquela hora. Conte com Deus, antes mesmo de contar com seus recursos pessoais, capacidades, talentos, inteligência, força, etc.

CINCO

SERÁ QUE VALE A PENA ACREDITAR?

Ouvi uma história mais ou menos assim: Havia um lugar por onde passava, todos os dias, uma multidão de pessoas. E, ali, sentado na calçada, estava sempre um mendigo; trazia uma placa enorme, e nela os dizeres: "Eu sou muito feliz! Deus me ama e cuida de mim, não me falta coisa alguma, sou muito importante, e beleza é o que tenho de sobra; sou saudável, bem-humorado e moro confortavelmente. Eu tenho uma vida maravilhosa!".

Quando as pessoas passavam por ele tinham as reações mais interessantes: uns ficavam desconfiados, outros riam e havia até quem lhe desse dinheiro; aliás, ele foi percebendo que, a cada dia, a quantidade de dinheiro aumentava.

Um dia, aproximou-se dele um homem muito bem vestido que lhe foi dizendo:

— Já há algum tempo que eu observo você. Eu o achei uma figura muito interessante. Você é criativo e divertido. Se quisesse, poderia trabalhar comigo.

— Excelente idéia! Podemos começar já.

Um belo banho, uma roupa nova e parecia um homem novinho em folha.

Desde aquele dia, o ex-mendigo prosseguia de vitória a vitória. Abriu sua própria empresa, profissionalizou-se, pagou professores para que se ocupassem de sua educação, etc. Era uma situação tão peculiar que o caso interessou à imprensa.

Chegado o dia da entrevista coletiva, ele estava pronto para revelar a chave de seu sucesso. Então, contou:

— No começo, quando eu me sentava nas calçadas, sempre trazia ao meu lado uma placa em que estava escrito: "Sou infeliz! Não tenho ninguém que me ajude! Moro em becos imundos. A minha vida é um fracasso! Passo fome e vivo doente. Ajudem-me!". Mas fui percebendo que, a cada dia que passava, eu ficava pior; parecia que tudo o que eu havia escrito naquela placa ia se reforçando com o tempo. Minha vida passou a girar em torno daquelas palavras. Senti que precisava fazer alguma coisa rapidamente e, como não podia fazer muito, resolvi trocar os dizeres da placa, escrevendo: "Eu sou muito feliz! Deus me ama e cuida de mim, não me falta coisa alguma, sou muito importante, e beleza é o que tenho de sobra; sou saudável, bem-humorado e moro confortavelmente. Eu tenho uma vida maravilhosa!". Eu, realmente, não esperava pelo que aconteceu. Notei que, a partir desse dia, tudo começou a mudar, comecei a ter o necessário para viver e, em momentos-chave, sempre aparecia a pessoa certa no meu caminho. Foi assim que conquistei o que sou! Aprendi que é importante ter cuidado com o que se diz a respeito de si próprio e também a respeito dos outros. Aprendi que uma palavra boa, assim como uma palavra má, pode fazer a diferença, mas a palavra boa é infinitamente mais poderosa que a palavra má.

Nesta hora, um repórter o interrompeu e, com certa maldade, perguntou-lhe:

— O que você está querendo dizer é que uma simples placa com algumas palavras mudaram a sua vida?

Ao que ele respondeu, com muito bom humor:

— Claro que não, meu amigo! Você está sendo ingênuo! Primeiro eu tive de acreditar nelas! A fé é o grande segredo por trás de tudo. Se um simples acreditar pode fazer a diferença em toda a vida de uma pessoa, a fé, então, pode revolucionar toda a história de uma vida.

Pedro teve a coragem de acreditar. Era impossível que aquele homem, paralítico de nascença, sentado à porta do templo viesse a andar. No entanto, ele não hesitou em dar-lhe a ordem: "Levanta e anda!". O próprio paralítico não conseguia acreditar no que ouvia, e Pedro, como que em socorro à falta de fé daquele homem, toma-o pela mão e ajuda-o a se firmar sobre os próprios tornozelos. Fé é isto. Fé é crer que Deus cumprirá o que disse: "Curai os doentes, ressuscitai os mortos, purificai os leprosos, expulsai os demônios. Recebestes de graça, dai também de graça" (Mt 10,8). O homem de fé dá um passo adiante sem mesmo ver se há chão para pisar. Mas Deus que o mandou avançar já colocou uma rocha por baixo de seus pés.

Tudo o que Deus nos prometeu é verdade e nos pertence. Ele tornará esse tudo realidade à medida em que crermos. Se nos entregarmos em total confiança ao Senhor, a nossa vida inteira se transformará ante os nossos olhos. Fé é crer no que não vemos, mas Deus dá, como recompensa pela fé, a graça de ver aquilo em que cremos.

O homem de Deus vive da fé, isto é, vive acreditando e não aceita viver de outra maneira. Quando algo lhe parece impossível de fazer, ele faz o que pode e pede a Deus que lhe conceda a graça de fazer o que não pode. Viver assim é correr o risco de ficar sozinho, sem nenhuma segurança, nenhuma orientação a não ser aquela que vem do céu e se manifesta na hora exata; é depender de Deus.

O Senhor quer que você creia, que confie nEle incondicionalmente, que, mesmo no escuro, sem vê-lo, lance-se em seus braços apenas porque Ele disse: Vem!

Quando a avezinha se prepara para voar pela primeira vez, também treme e teme. Mas a sua hora chegou e é preciso começar. Por isso, tire das costas o pára-quedas da desconfiança, pois ele só irá atrapalhar você abrir as asas de sua fé. Você tem medo de cair e se decepcionar? Diga-me quem é que não tem! Mas a fé vence o medo.

Vestir o pára-quedas da desconfiança pode evitar uma queda desastrosa, mas sempre traz dois inconvenientes: primeiro, ele só o leva para o chão; segundo, ele nem sempre abre.

O Senhor, que pôs nas aves o instinto de se lançar das grandes alturas, também lhes deu asas para voar, encheu de ar os abismos para sustentá-las e colocou ao seu lado pai e mãe para ampará-las com seu corpo, caso aconteça de seu vôo falhar. Aquele que sustenta as aves do céu fará por nós coisas ainda maiores. Ele mesmo nos vai amparar e levantar bem alto o nosso vôo, assim que tivermos a coragem de nos lançar em obediência à sua Palavra e a confiança de nos arriscar em suas promessas.

Antes do vôo, a águia contempla o abismo sob seus pés e, apesar de nada ver, tem certeza de que o ar está ali à sua espera. Com o homem de Deus também é assim; ele sabe que as promessas do

Senhor estão ali, e elas não falham. Até mesmo o ar pode escapar de quem tenta capturá-lo, mas as promessas de Deus jamais se esquivam dos que as perseguem.

Se o coração tímido e vacilante reclamar dizendo: "Isso tudo é tão bonito, mas parece tão distante de mim! Custa-me crer que eu venha a ser revestido desta força!", Deus lhe diz: "Basta-te a minha graça, porque é na fraqueza que se revela realmente a minha força" (2Cor 12,9). "Eis que vos dei poder para pisar serpentes, escorpiões e todo o poder do inimigo" (Lc 10,19).

Se o coração disser: "Conheço a minha natureza ferida e o fascínio da tentação sobre mim, não sei se posso vencer esta luta!", Deus lhe diz: "... a vitória no combate não depende do número dos que lutam, mas da força que desce do céu" (1Mc 3,19). "Já sei que o Senhor reservou a vitória para seu ungido e o ouviu do alto do seu santuário pelo poder de seu braço vencedor. Uns põem sua força nos carros, outros, nos cavalos. Nós, porém, a temos no nome do Senhor, nosso Deus. Eles fraquejaram e foram vencidos; mas nós, de pé, continuamos firmes" (Sl 19,8).

"Quando o homem caminha revestido de fé, o mal não o atinge porque, com a fé, muito mais do que com todas as outras virtudes, está bem protegido contra o demônio, que é o mais forte e astuto inimigo" (São João da Cruz).

Se o coração disser: "Não sei se é possível, para mim, ter a paz que tanto almejo e ter repouso em meio à luta!", Deus lhe diz: "Referi-vos essas coisas para que tenhais a paz em mim. No mundo haveis de ter aflições. Coragem! Eu venci o mundo (Jo 16,33); mesmo que as montanhas oscilassem e as colinas se abalassem, meu amor jamais te abandonará e jamais meu pacto de paz vacilará, diz o Senhor que se compadeceu de ti" (Is 54,10).

Se Deus falou, quem irá contradizê-lo? Será que Ele já não cumpre a sua palavra? Tenho aprendido uma coisa: Se Ele nos faz uma promessa, ninguém poderá detê-lo no cumprimento dela. E, se você percebeu que há dentro de você uma certeza, que o próprio Senhor lhe deu, acredite nela com todas as suas forças; confie inteiramente, porque só lhe falta isso para experimentá-la. Pode levar algum tempo, mas Ele a cumprirá.

Às vezes, acontece com a fé o mesmo que com o bambu chinês. Depois de plantá-lo, você não vê nada por cinco anos, a não ser um brotinho de alguns centímetros que vai crescendo muito lentamente.

Durante cinco anos, seu crescimento é subterrâneo, invisível a olho nu e uma enorme raiz está se formando tanto para baixo, quanto para os lados. Então, no final do quinto ano, ele cresce até atingir uma altura de vinte e cinco metros.

Com as coisas de Deus se passa algo muito semelhante. Você acredita, empenha seus esforços, trabalha, faz tudo o que está ao seu alcance por uma situação e, às vezes, não vê nada por semanas, meses ou anos. Mas o fato é que os seus olhos não vêem e seus sentidos não percebem que está sendo formada, por Deus, a estrutura que sustentará o que você pediu. Se você quer algo consistente, é necessário que se faça assim. É preciso muita fibra para alcançar as alturas e muita flexibilidade e raízes densas para se curvar até o chão quando necessário.

Se você tiver fé, continuar esperando e regar com a oração essa sua espera, o seu quinto ano também chegará, e você verá acontecer aquilo em que tanto acreditou e fielmente esperou.

Ninguém entra na presença de Deus e sai de mãos vazias. "O vaso da fé levado à fonte da graça será enchido de acordo com sua capacidade" (Sto. Agostinho).

FAÇA SEU O QUE DEUS LHE DEU

Como poderá uma pessoa entrar na presença de Deus? Entrará apenas aquele que tem as mãos puras e o coração inocente. Entrará apenas aquele que é puro, santo e justo. Quem será esta pessoa sobre a terra? Será que alguém poderia dizer um único nome? Na verdade, ninguém é isento de culpa aos olhos de Deus, a não ser o próprio Jesus, e Nossa Senhora, pela graça do Altíssimo.

Se apenas os santos podem entrar no céu, então, como faremos nós? A essa pergunta a fé responde: Pode-se entrar no céu, tomando posse e levando os créditos de tudo o que Jesus fez. Pois, não podendo apresentar a nossa justiça diante de Deus, porque somos falhos e injustos, então apresentamos, como nossa, a Justiça de Nosso Senhor Jesus Cristo. Não podendo apresentar a própria castidade, a própria pureza, porque pecamos contra ela e somos impuros, apoderamo-nos da castidade de Jesus e a apresentamos, como se nós mesmos a tivéssemos vivido durante toda a nossa existência. Mas isso só é possível porque era exatamente o que Jesus queria quando morreu por nós. Cheio de misericórdia, Ele conquistou tudo isso para que nós pudéssemos tomar posse e apresentar como se fosse obra nossa, apesar de ser dEle.

Certamente o que nos falta, em muitas situações, é que aceitemos e recebamos o que Jesus já conquistou para nós.

Quando eu era criança, houve uma competição entre as salas de aula da minha escola. Como eu não era muito bom nos jogos, tive de me contentar, como o resto da minha turma, em fazer parte da torcida. Nós torcemos e vibramos tanto, que era como se cada um de nós estivesse, ali, jogando. Aquele entusiasmo comoveu a diretora da escola que resolveu premiar toda a torcida com a mesma medalha que receberam os jogadores. Nós tomamos posse daquela vitória para todos nós, pela nossa adesão.

Não havíamos jogado, nem suado a camisa, não nos machucamos, nem passamos por horas de treinamento, também não gastamos inúmeras tardes nos preparando para aquele jogo; no entanto, a nossa adesão nos fez merecer um prêmio.

A fim de nos provocar, a diretora disse: "Eu pensei em dar a medalha a cada um de vocês também... mas será que alguém vai querer?". Mais do que depressa respondemos que sim e ficamos todos contentes com o inesperado presente.

Foi Jesus que, com seus trabalhos e fadigas, mereceu o prêmio. Ele renovou a humanidade por meio de seus sofrimentos e de suas chagas. Foi Ele quem suportou o castigo e, com sua morte, obteve a vida que é dada a todos os que aderiram à Sua luta.

O que está em questão, agora, não é uma simples medalha de brinquedo. E quem faz a pergunta é o próprio Deus: "Você aceita os méritos de meu filho? Você quer ser um homem novo ou uma mulher nova, enfim, uma nova criatura? Você aceita ser uma pessoa beneficiada por Jesus e agraciada por mim?".

Ter fé é dizer: "Sim, Senhor! Eu quero! Eu aceito!". E mal acabamos de dizer, um milagre acontece: o encontro entre a nossa fé e a graça de Deus. E algo infinitamente maior e mais rico passa a existir: nasce uma pessoa nova. E, se você quiser, esse momento pode ser agora mesmo. Porque uma pessoa começa a viver para Deus no momento exato em que Jesus morre por ela. Mas Jesus dá sua vida por ela no instante em que esta pessoa reconhece o milagre da Cruz e toma consciência de que, com a sua Cruz, Jesus lhe deu uma ressurreição espiritual e a vida eterna.

Veja a bondade do Senhor! O que os homens agradáveis a Deus, do Antigo Testamento, conseguiram, por meio de muitos esforços, de uma dura disciplina e muitos atos de heroísmo, Jesus lhe dá num único instante, o instante em que você crê e, crendo, pede-lhe.

Alguém poderia perguntar: "Mas é só isso? É só dizer sim a Deus?". Exatamente! Basta isso. Foi concordando em obedecer ao Senhor que o povo atravessou a pé enxuto o mar Vermelho. Mas a fé pode mais; com ela atravessa-se do reino das trevas para o reino da luz e abre-se a porta das realidades sobrenaturais.

Eis a maravilha: o homem é livre para crer ou não, mas quanto mais crê mais livre é, pois é a fé que lhe torna possível todas as coisas. Por meio dela, Deus empresta seu poder aos homens: "Tudo é possível ao que crê" (Mc 9, 23).

Esta é uma fonte que jamais cessa de jorrar. No que diz respeito à fé, sempre se pode ir mais além. Não há limites. Não existe ninguém, no mundo, com tanta fé que não possa crer ainda mais. Quanto mais o homem crê, maiores são suas vitórias na terra e maior o prêmio que o espera no céu. É por isso que Deus não retira os obstáculos e os desafios que aparecem no caminho de seus filhos, porque pretende, por meio deles, dar-lhes uma recompensa ainda maior por suas conquistas. Só que esses obstáculos sempre ocasionam algum sofrimento.

Não existe um homem de fé que não tenha sofrido; aliás, podemos dizer que é sofrido crescer na fé.

Os cavalos mais fortes e experientes não são os que saem do estábulo apenas para curtos passeios em dias de sol, mas são aqueles que enfrentaram longas jornadas sob o calor escaldante e debaixo de duras tempestades, que sobreviveram aos ataques de feras selvagens e trazem em seu corpo a marca dessas lutas, que sofreram os açoites das matas e a dureza dos espinhos, que tiveram cada músculo e cada fibra de seu corpo forjados pelo esforço. Esses animais são os mais procurados pelos que precisam fazer uma viagem difícil e arriscada.

Da mesma forma, o homem de Deus não adiquire fibra vagando por avenidas calçadas e ladeadas por jardins, mas trilhando o caminho estreito, cheio de pedras e cercado por precipícios, onde os ventos sopram com toda fúria a fim de derrubar os que caminham, onde os espinhos cortam as roupas e rasgam a pele, onde o inimigo arma emboscadas e animais venenosos atacam constantemente. É um caminho difícil, mas o Senhor está ali para dar alegria, aliviar o sofrimento e conceder a vitória. Ele mesmo vai à frente indicando o percurso e puxando pela mão.

Certo dia, dois rapazes foram encontrar um ancião, muito conhecido pela sua fama de santidade, e perguntaram-lhe: "Como poderemos saber se estamos no caminho certo para crescer na fé?". Os olhos do velho se umedeceram e brilharam, ele segurou forte o crucifixo que estava em cima da mesa e foi dizendo: "Quando vocês notarem que o seu caminho é feito de dor e de alegria, de sofrimento e consolo, de lágrimas e sorrisos, de desafios e vitórias, de conflitos e triunfos, quando, no caminho, vocês encontrarem dificuldades, perigos, ameaças, quando receberem desaforos e perseguições, quando forem vítimas de mal-entendidos, sofrerem tribulações, angústias, e mesmo assim continuarem prosseguindo, com o coração cheio de paz, sem desanimar, sem desistir. Acredite: isso é aquilo a que chamamos bom combate. Este é o caminho! Basta continuar nele. Por aí, se vai de fé em fé."

Quando estoura o combate... na frente de batalha, onde a violência é maior, pode acontecer de sentirmos medo e termos vontade de recuar para não sermos feridos... mas coragem! Avancemos! Pois é exatamente ali, na frente de batalha, que o Senhor está à nossa espera para nos revelar o que teremos de fazer para vencer. Se o encontrarmos ali, nossa fé será fortalecida com tal prodigalidade que nem mesmo todo o inferno bastará para abalá-la.

A fé é indispensável para se fazer a experiência de Deus; é preciso crer para experimentá-lO. Mais que isso: pela fé Deus habita em nosso coração.

PARA OS QUE QUEREM TER MAIS FÉ...

Quando os discípulos pediram: "Senhor, aumenta a nossa fé!", Jesus os deixou perceber que a única maneira de se ter uma fé verdadeira é estar com Ele, porque a fé nasce da intimidade com Deus. Tudo aquilo que não brota dessa intimidade pode ser qualquer coisa, mas não é fé. É impossível crer em Deus e não ser seu amigo. Essa amizade acontece quando desejamos Deus mais que qualquer coisa deste mundo, quando nos unimos a Ele e nos aproximamos dEle com um coração inflamado de desejo.

Concretamente, trata-se de reservar o melhor momento do nosso dia para ficarmos a sós com Ele em oração; trata-se de gastarmos, em sua presença, tempo suficiente para que Ele nos refaça e nos comunique toda a graça que reservou para nós naquela hora.

Perguntei, certa vez, a uma pessoa que tinha se convertido o que tinha mudado em seu relacionamento com Deus, e ela me respondeu:

"Antes, eu ia à missa todos os domingos, rezava, fazia novenas, etc., para que Deus me abençoasse e me ajudasse a realizar meus sonhos. Mas eu não tinha vontade, realmente, de estar ali, e não queria assumir nem um compromisso com Deus. Eu queria que Ele atendesse às minhas orações, mas não queria ouvir o que Ele pretendia de mim. Também não sentia que era importante rezar; enfim, eu não estava buscando a Deus, mas sim o que Ele podia fazer por mim. Eu nem sequer conseguia entender como havia pessoas que conseguiam ficar tanto tempo na igreja sendo que eu simplesmente não sentia a menor vontade de permanecer na presença de Deus. Mas, agora, eu estou decidido a dar ao Senhor todo o tempo que Ele quiser de mim. Tenho desejo de estar com Ele sempre mais, tenho vontade de ouvir a sua voz falando comigo, e o meu coração não quer deixar a oração enquanto não perceber que o Senhor já está satisfeito".

Pode ser que alguém sinta que perdeu muito tempo em sua vida, que desperdiçou inúmeras oportunidades de crescimento e agora queira recuperar o tempo perdido e pergunte: "Como é que eu vou fazer?". O segredo é não perguntar às pessoas, mas perguntar ao Senhor! Não adianta sair correndo atrás de cursos para aumentar a fé, nem comprar uma montanha de livros cheios de instruções do que fazer para agradar a Deus, muito menos viajar longas distâncias para ouvir um pregador cheio do Espírito Santo se, no coração, não existir a disposição de fazer uma pequena viagem até o seu quarto, fechar a porta atrás de si, e, abrindo as janelas da alma, permanecer na presença do Senhor.

Se você quiser realmente aumentar a sua fé terá de fazer, antes mesmo de qualquer outra coisa, o que Jesus falou: "Quando orares, entra no teu quarto, fecha a porta e ora ao teu Pai em segredo, e teu Pai, que vê num lugar oculto, recompensar-te-á" (Mt 6,6).

O Pai espera você, em segredo, longe da correria alucinada que não permite que você escute a voz dele. Há tanta coisa que Ele quer falar para a sua vida! Então, não vá atrás de mais teorias, nem confie em "esquemas prontos e garantidos" de aumento de fé. Apenas fique a sós com Jesus. Deixe que Ele ponha o coração dEle dentro de você. A verdadeira fé é filha desta intimidade em quarto fechado. Por isso, faça uma pausa e vá se encontrar com Jesus. Ele o ensinará o que é a fé.

Tão certo como o sol traz o calor e a chuva traz fecundidade, um tempo de qualidade passado na presença de Deus fará nascer a fé em seu coração, uma fé como você nunca havia experimentado antes, e bastará uma palavra de Jesus, cheia de bondade e afeto, para fazê-la explodir em seu coração.

Quantas pessoas não desfrutam dessa graça pelo simples fato de não ter coragem de interromper suas atividades e refrear a própria agitação! Por mais santos e úteis que sejam os nossos trabalhos para Deus, se não forem calçados pela oração se transformam apenas em ativismo e fadiga. Daí se perguntam: "Por que os frutos não vêm?". Os frutos não vêm porque eles são resultado daquelas horas em que o homem se fecha com o Senhor e permanece em silêncio, a sós com Deus.

Se, em seu coração já começa a crescer o desejo de se colocar na presença de Deus, se, antes mesmo de acabar aquele momento de oração, você já fica ansioso pela próxima vez em que voltará a estar na presença dEle, e, se a cada dia cresce em sua alma a certeza de que não há alegria maior do que estar a sós na presença do Senhor, alegre-se! Pois isso é a manifestação de que o Espírito Santo tem alimentado a sua fé.

Tudo isso é promessa de Deus para você, que se pode cumprir agora: "Se compreenderdes o que vos digo, sereis felizes, sob a condição de o praticardes", diz Jesus (cf. Jo 13,17).

ORAÇÃO (PAULO VI)

Senhor, creio em Ti. Eu quero crer em Ti.

Senhor, faze que minha fé seja plena, sem reservas e que penetre em minha inteligência e em meu modo de julgar as realidades divinas e humanas.

Senhor, faze que minha fé seja livre, isto é, que tenha a minha adesão pessoal, aceite as renúncias e os deveres que ela impõe e seja a última instância decisiva de minha pessoa. Creio em Ti, Senhor.

Senhor, faze que minha fé seja certa. Certa pela coerência exterior dos motivos e certa pelo testemunho interior do Espírito Santo. Certa por uma luz que lhe dê segurança, por uma conclusão que a tranqüilize, por uma assimilação que faça repousar.

Senhor, faze que a minha fé seja forte. Que ela não tema a contradição que surge com os problemas, quando é plena a experiência de nossa vida à vida de luz. Que não tema a oposição de quem a discute, a ataca, a rejeita, a nega; mas que ela se robusteça com a experiência intima de Tua verdade, resista ao cansaço da crítica, fortaleça-se com a afirmação contínua que vence as dificuldades dentro das quais se desenrola nossa existência terrena. Senhor, faze que minha fé seja cheia de tranqüilidade e que dê ao meu espírito paz e alegria, gosto pela oração com Deus e a convivência com os homens, de maneira que, no diálogo com Deus e com o mundo, se irradie a alegria interior de sua posse afortunada.

Senhor, faze que minha fé seja operante e de à caridade os motivos de sua atuação, de sorte que a caridade seja verdadeira amizade contigo, busca contínua de Ti, contínuo testemunho, contínuo alimento de esperança nas obras, nos sofrimentos, na expectativa da revelação final.

Senhor, faze que a minha fé seja humilde e não pretenda apoiar-se na experiência de meu pensamento, mas que se entregue ao testemunho do Espírito Santo e não busque maior garantia a não ser a docilidade à Tradição e à Autoridade do Magistério da Igreja. Amém.

EXERCÍCIO ESPIRITUAL

1. A Palavra de Deus tem o poder de realizar, em nós, aquilo que ela proclama. Leia Jo 9,1-41 e deixe o Espírito Santo realizar em você essa transformação espiritual. Prostre-se diante do Senhor e, adorando-o, creia nEle.
2. Aceite as promessas que Deus lhe faz por meio da Bíblia. Passe a viver de acordo com elas. Exercite sua fé, sabendo que aquele que prometeu não falhará. Por exemplo:

   Deus promete que, "se os que crêem impuserem as mãos sobre os enfermos, estes ficarão curados". Então reze pelos doentes que estão à sua volta sabendo que Deus quer curá-los.

   Jesus promete que "tudo o que pedirmos ao Pai em seu nome, nos será concedido". Então, recorra mais vezes a Deus, cheio de confiança, pois, se Ele prometeu, é porque quer conceder. E assim por diante.
3. A nossa fé se desenvolve por estágios. Identifique aquele no qual você se encontra e peça a Deus a graça e o empenho que o conduzam ao próximo estágio.
   a) Estágio 1: Só conseguimos crer se Deus nos der um sinal ou um sentimento. (Neste estágio a fé é verdadeira mas é imperfeita.)
   b) Estágio 2: Confiamos em Deus sem sinal ou sentimento que nos ampare. (Neste estágio a fé já é mais madura.)
   c) Estágio 3: Conseguimos crer apesar das circunstâncias, dos sentimentos, das aparências, das pessoas e da própria razão indicarem o contrário. (Esta é uma fé madura e muito agradável a Deus.)
4. Viva o seu dia pela fé, permeie com ela tudo o que fizer e quando você se deparar com uma situação que o supere, reze: "Meu Senhor e meu Deus, eu creio mas aumentai a minha fé".

Seis

AJUDE-SE! E SUA VIDA VAI DAR UMA VIRADA

Quando percebeu o cansaço de seu amigo, o general aproximou-se, abraçou-o como um pai a um filho, e, como quem revelasse um segredo, foi lhe dizendo em voz baixa: "Se você quer vencer uma batalha, você tem que fazer uma coisa: fazer a cabeça mandar no corpo. Nunca deixe seu corpo dizer à mente o que fazer. O corpo sempre desiste. Ele está sempre cansado de manhã, à tarde e à noite. Mas o corpo nunca está cansado se a cabeça não está cansada. Quando você era mais novo, sua cabeça fazia você dançar à noite inteira. Para ganhar batalhas, você tem sempre de fazer a cabeça assumir o comando e continuar".

De certa maneira, isso também se aplica aos que querem viver na fé: "Se compreenderdes o que vos digo, sereis felizes, *sob a condição de o praticardes*" (cf. Jo 13,17).

Então, se você quer ser feliz, você tem de fazer uma coisa: você tem de fazer o espírito mandar na carne, para que ela pratique as coisas que Jesus lhe disse. A carne é sempre rebelde. Ela não gosta de ser incomodada, não quer se desinstalar e só lhe interessa o que aumenta o seu prazer e conforto. Mas ela estará pronta e obedecerá se o espírito estiver firme. É só ver o que acontece quando você acredita realmente numa coisa: nem mesmo a ameaça da morte pode lhe fazer retroceder.

Mas nenhuma mudança é verdadeira e duradoura se não vier do coração. Por isso Deus não quis impor a verdade pela força mas quer que o homem a aceite de livre vontade. É impossível ser feliz sem tomar a decisão de deixar transformar o coração.

A decisão de mudar envolve desafio, sofrimento e uma certa forma de morte, mas é um preço pequeno a pagar quando a recompensa por trás disso tudo é o início de uma nova história, de uma vida nova. É preciso fazer a escolha, tomar a decisão.

A TERRÍVEL REALIDADE DO "MAIS OU MENOS"

O homem pode libertar-se de tudo, menos de sua consciência, e não há nada que a incomoda mais que uma vida vivida no "mais ou menos" ou melhor: uma vida mais ou menos vivida. Porque a indecisão esvazia as possibilidades, e a dúvida conduz a alma à tristeza.

Mais ou menos é a medida da derrota, é o selo do fracasso, é a marca de tudo o que poderia ter sido bem-feito mas não foi, vivido com intensidade e não foi. Há uma palavra no livro de Jeremias que diz: "Maldito aquele que faz com negligência a obra do Senhor" (Jr 48,10a). Quem negligencia não deixa de fazer, mas o faz com descuido, com desleixo, sem atenção; faz mais ou menos. Um homem mais ou menos justo não é justo, uma mulher mais ou menos fiel não é fiel e um coração mais ou menos quente é morno.

Coragem! Chega de deixar escapar as oportunidades que Deus lhe dá, por medo de se entregar! Por que deixar mais uma vez para amanhã aquilo que Deus quer para agora? Tudo o que foi postergado para o dia de amanhã deixou um vazio no hoje, que é o único tempo que você realmente tem. Mas não desanime por isso!

Deus é amor, Deus ilumina, Deus inspira, Deus acalma sua alma, Deus preenche o vazio que você traz dentro de seu coração. Ele lhe dá uma nova chance para lutar e, quando você cansar, Ele será o seu repouso... mas Ele precisa da matéria prima para construir a sua nova história. Ele precisa da sua luta.

Essa mudança é possível porque a fé ainda remove montanhas, porque a oração ainda toca o céu e a persistência continua tornando realidade resultados aparentemente impossíveis de ser alcançados.

É preciso fazer como as águias. Elas têm uma vida relativamente longa, chegam a viver por volta de uns setenta anos. Mas, para alcançar essa idade, aos quarenta anos elas têm de tomar uma decisão séria e difícil.

Quando chegam aos quarenta, suas unhas já cresceram demais e se tornaram flexíveis, perderam completamente a firmeza e já não conseguem agarrar a caça para matar a fome; o bico vai se curvando, e as penas vão engrossando, ficando velhas e pesadas, e voar torna-se, para elas, um transtorno.

É nessa hora que se faz necessária uma decisão: ela pode se acomodar e morrer... ou, então, enfrentar um processo lento e doloroso de renovação que vai durar cerca de uns cento e cinqüenta dias. Para se renovar, ela precisa ir ao alto de uma montanha e construir um ninho em lugar bem protegido, de onde ela não precise sair para voar.

Quando a águia se sente abrigada e segura, começa a bater com seu velho bico em uma parede até arrancá-lo; então espera nascer um novo. Com ele, arranca as velhas unhas. Quando as novas unhas começam a crescer, ela passa a arrancar as velhas penas.

São cinco meses de luta e transformação até que chega o dia do chamado vôo de renovação. Essa mudança lhe garante mais prováveis trinta anos de vida.

Há quem faça o impossível para morrer um pouco mais tarde e, no entanto, nada faz para não morrer para sempre. O que nos espera não são meros trinta anos a mais, e sim a vida eterna. Ninguém pode entrar nela sem passar por uma mudança radical. "Entrai pela porta estreita, porque largo e espaçoso é o caminho que conduz à perdição. E muitos são os que entram por ele. Estreita, porém, é a porta, e apertado, o caminho que conduz à vida. E poucos são os que o encontram" (Mt 7,13-14). É preciso deixar para trás os costumes, tradições, mentalidades e vícios para alçar o vôo da vida nova. Somente livres de todo o peso do pecado é que poderemos desfrutar da alegria de um coração renovado.

Viver a renovação é aceitar o convite: "Voltai a mim [...] deixai vossos maus caminhos e vossas más ações..." (Zc 1,3-4). Trata-se não só de mudar a maneira de proceder, mas, principalmente, de ingressar numa realidade toda nova. Entrar em algo muito bom: no domínio de Jesus. Trata-se de esquecer o antigo modo de viver: o que passou,

passou! "Não vos lembreis mais dos acontecimentos de outrora, não recordeis mais as coisas antigas, porque eis que vou fazer obra nova, a qual já surge: não a vedes?" (Is 43,18-19). É o Senhor lhe dizendo que caminhe para a frente e deixe de pender para trás, que se liberte das ilusões de Satanás e passe a viver sob a direção de Deus (cf. At 26,18).

O MAIS IMPORTANTE NÃO É O QUE VOCÊ FAZ... MAS O QUE VOCÊ DEIXA DEUS FAZER

Quando você se afasta do fogo, o fogo continua aquecendo, mas você esfria. Quando você se afasta da luz, a luz continua brilhando, mas as trevas lhe envolvem. O mesmo acontece quando você se afasta de Deus. "O Senhor quer que ninguém se perca, mas que todos venham a converter-se" (2Pd 3,9). Conversão não é fazer "coisas", ainda que sejam boas, mas aceitar que Deus nos salve, já que em nossa independência andávamos perdidos. Ninguém triunfa se apoiando em suas próprias forças (cf. 1Sm 2,9b). Ninguém entra no Reino de Deus por ter merecido. Quem acha que merece, pensa que já está dentro, mas está fora, porque não se pode comprar o céu com boas ações. A salvação é um presente de Deus para aqueles que acreditam nEle.

Não é o máximo de seu esforço e de seu empenho que ocasionará a transformação de sua vida. Apenas Deus pode realizá-la e só Ele consegue fazer isso sem ansiedade e sem excessos. Se você quiser permitir que Deus realize a obra dEle em você, então terá de se unir a Jesus tão inteiramente que Ele transborde de você. Só a fé pode unir seu coração ao de Deus. É por isso que ela é a primeira e fundamental conversão.

Não há pessoa mais agradável ao céu do que aquela que, quando faz uma obra boa, dá graças a Deus e, quando age mal, assume a responsabilidade.

Um dia Deus falou aos homens de Éfeso: "Conheço tuas obras, teu trabalho e tua paciência: não podes suportar os maus, puseste à prova os que se dizem apóstolos e não o são e os achaste mentirosos. Tens perseverança, sofreste pelo meu nome e não desanimaste. Mas tenho contra ti que arrefeceste teu primeiro amor" (Ap 2,2-4). Deus sabia as inúmeras obras por eles praticadas, aprovava-os por elas, mas não podia admitir que o seu amor e os seus dons fossem trocados por boas ações. Para Ele, de nada valia o que fizessem se isso os levasse a esquecer o seu grande e misericordioso amor.

Os que empregam grandes esforços em promover os próprios méritos, em geral, não têm o mesmo empenho em combater os próprios defeitos. Os antigos dizem que os homens caminham sobre a terra em fila indiana, cada um leva consigo uma sacola na frente e outra atrás. Numa delas, são colocadas as qualidades, na outra, são guardados os defeitos. Por isso, quando o homem coloca diante dos olhos a sacola dos méritos, esfrega seus defeitos no rosto dos que lhe vêm atrás e nem percebe, porque está lisonjeado demais com as próprias obras. Mas se escolhe trazer à sua frente os próprios pecados, dará oportunidade aos que lhe seguem de contemplar suas qualidades.

Com Deus também é assim: quanto mais trouxermos os nossos pecados diante dos nossos olhos e lançarmos para as costas os próprios méritos, tanto mais Deus quererá pôr os olhos em nossas boas obras. Então, façamos todo o bem que nos for possível, mas deixemos que Ele se preocupe com a recompensa que nos dará.

Para Deus, você é mais importante que as coisas que faz. Você pode ter defeitos, ter pecados, ser nervoso e, algumas vezes, até querer ser uma outra pessoa para não ter de conviver consigo mesmo, mas jamais se esqueça de que Deus guardou muita alegria neste caminho de transformação. É um caminho que só se faz a dois. Deus não pode fazê-lo sem você, e você não o pode fazer sem Deus.

Voltar ao Senhor não é ter uma vida sem sofrimentos, uma estrada sem dificuldades, esforço sem cansaço ou relacionamentos perfeitos. Conversão é perdoar mesmo sem forças, acreditar sem sinais, confiar apesar das decepções e sofrer sem nunca deixar de amar.

O homem de Deus é aquele que celebra vitórias, mas que também aprende com os erros; que dedica ao Senhor tanto os aplausos quanto as humilhações que recebeu; ele está sempre disposto a recomeçar porque sabe que a vida vale a pena, apesar de suas crises.

O Espírito Santo não põe em nós um sonho que Ele não pretenda realizar. Toda transformação que o seu coração deseja viver, em Deus, já lhe foi dada. Tudo o que você deseja ser como filho de Deus, tudo o que você sonha fazer para Deus está dentro das possibilidades da fé. Isto é, torna-se possível se você realmente crê.

Aceite todos os desejos que o Espírito Santo despertar em sua alma, tudo aquilo que você pode ser como homem ou como uma mulher de Deus. Acredite e aplique a você mesmo as promessas que

Ele fez em sua Palavra. Porque os sonhos do homem que foi renovado por Jesus se tornam realidade.

A conversão põe fim a muitos sofrimentos vividos pelo homem, faz com que atravesse as tempestades da vida sem perder a serenidade do coração. Dar uma virada na própria vida é deixar de ser vítima dos problemas e retomar as rédeas da própria história. É não ter medo de arrancar as máscaras e assumir os próprios sentimentos, ter coragem para receber uma crítica, ainda que seja injusta, e não se desestruturar pelo fato de ouvir um "não" como resposta.

Jesus não está buscando pessoas perfeitas, foi para os que erram e precisam de ajuda que Ele veio. "Não vim chamar os justos mas os pecadores" (Mc 2,17). Aceite sua imperfeição! É o primeiro passo para que você alcance sua perfeição. Converter-se é reconhecer-se pecador; ter coragem para dizer "eu errei"; ter humildade para dizer "me perdoe"; ter forças para admitir que precisa de ajuda, e ser capaz de falar "eu te amo!".

Deus nos deu um dia de cada vez para que pudéssemos compreender que o que passou já não existe mais e o dia de hoje traz inúmeras chances para você ser feliz... é possível recomeçar sempre! Se você tropeçar e cair, levante-se mais uma vez; assim, o seu erro lhe fará mais forte. As pessoas querem estar no cume do monte, mas toda alegria e todo crescimento estão na escalada.

Deus pôs, em suas mãos, todas as ferramentas necessárias para cultivar o jardim da sua felicidade.Se você tiver paciência para regá-lo com suas lágrimas e adubá-lo com a própria dor, se souber suportar os invernos da alma, se, em meio às perdas exercitar a esperança, então será feliz. Em Deus, todos os obstáculos se transformam na oportunidade de manifestar o que há de melhor em você: aproveite seus fracassos, para forjar a mansidão; as aflições, para educar a alegria; e a austeridade, para entalhar a generosidade em sua alma.

Deus continua acreditando em você, acredite também!

Jamais abandone suas inspirações! Nunca desista dos que você ama! E, quando tudo parecer acabado, tente mais uma vez!

DESISTIR?! JAMAIS...

Quando Albert Sabin e Hugo Rafael descobriram a vacina contra a poliomielite, um repórter perguntou a Hugo Rafael:

— Como é a sensação de ter obtido sucesso, depois de ter fracassado nas duzentas tentativas anteriores?

Hugo respondeu-lhe:

— Não houve duzentos fracassos. Meus amigos, minha família e todos os que acompanharam o processo sabem disso. Na verdade, fizemos duzentas descobertas, sem as quais não teria sido possível descobrir a vacina que pôs fim à poliomielite.

Ainda bem que eles não desistiram na ducentésima vez! Há tesouros incalculáveis na arca da perseverança. Muitas conquistas teriam sido perdidas se não fosse por alguém acreditar e tentar mais uma vez... Talvez a sua próxima tentativa seja a que fará aquela real diferença em sua vida. Talvez ela traga o resultado há tanto tempo esperado...

Muitas pessoas desistem de modificar aspectos da sua vida, quando se frustram nas primeiras experiências. Não percebem que esse aparente fracasso as adestra para uma investida mais arrojada e que estão mais preparadas que antes, porque tentativa frustrada se converte em experiência para aqueles que não desistem.

Quem faz escolhas pode errar, mas não precisa se obstinar no erro. Quem avança pode se enganar no caminho, mas não é preciso desistir de caminhar. No momento certo, Deus dará a força e a sabedoria necessárias para retomar o caminho correto. E esse momento pode ser hoje. Um só dia pode ser mais importante que muitos anos...

Você não imagina a força de uma pessoa impulsionada pelo Espírito. É simplesmente incalculável... Uma pessoa sem Deus é desprovida de qualquer poder real. Mas, se ela se deixar conduzir pelo Espírito Santo, se Ele a abrasar, poderá agir em favor da transformação de situações muito além de seu alcance e de suas forças.

Se o Espírito Santo soprar sobre ela e a impelir, poderá levar consigo muitas outras pessoas a uma experiência latente, efetiva e poderosa de Deus.

JAMAIS HAVERÁ UM AMANHÃ... A NÃO SER QUE EXISTA UM HOJE

É preciso começar hoje com uma grande e firme resolução de dar-se inteiramente a Deus, prometendo-lhe que quer pertencer-lhe para sempre sem nenhuma reserva e, depois, renovar, muitas vezes, essa decisão, a fim de que Jesus possa agir por meio de nós. Cura d'Ars dizia: "Por onde passa um santo, Deus ali passa com ele". Nosso Senhor quer fazer suas maravilhas através de você. Ele quer curar os corações despedaçados, quer reconduzir o que se perdeu, quer levar o amor e a esperança. E, para isso, escolheu você. Veja que seu desejo é realizar obras até maiores do que as que fez há dois mil anos (cf. Jo 14,12).

A oração nos fará ver que somos vasos de barro que trazem dentro de si um tesouro caríssimo. Somos vasos de barro, mas levamos Jesus dentro de nós.

Quem não pára de fazer o bem está sempre unido a Deus. Se estivermos determinados de coração a fazer o bem, e se essa determinação tiver nascido da oração e por ela for acompanhada, poderemos contemplar o próprio Senhor agindo através de nós: "Estes sinais acompanharão os que acreditarem: em meu nome expulsarão demônios, falarão novas línguas, apanharão serpentes com as mãos e, se beberem algum veneno mortal, não sofrerão nenhum mal; hão de impor as mãos aos doentes e eles ficarão curados (Mc 16,17-18).

Deus quer que seus filhos espalhem a bondade sobre a terra, foi para isso que os enviou. Não podemos, porém, parar nos limites do natural. Deus deu aos cristãos um poder sobrenatural para executar as suas obras. Há muita gente que se incomoda com isso, porque não crê. Mas o que é que podemos fazer? Ou agradamos a Deus ou agradamos aos homens.

Deus pode curar as pessoas por meio da nossa oração, cura física e cura interior. Pode libertar as que estão oprimidas pelo demônio. Todo o fiel cristão tem o direito de rezar pela sua libertação e pela dos outros. Recebemos de Deus uma ordem: "Revesti-vos do Senhor Jesus Cristo" (Rm 13,14). Este Jesus temos visto realizar maravilhas no seio da Igreja, na vida de tantos que dele se aproximam.

Precisamos ter pensamentos ousados, grandiosos, porque dos nossos pensamentos nasce o bem que praticamos. É preciso não diminuir os nossos desejos, mas confiar em Deus. O grande bem que somos chamados a levar aos outros chama-se Jesus. Para levá-lo, é preciso, antes, encontrar-se com Ele. É bom que a oração seja o ponto de partida para toda boa ação que eu venha a realizar, para que não sejam obras mortas, mas sim caridade verdadeira, legítima, sem fingimentos.

Jesus não nos deixa quietos, ele arrasta o nosso coração ao desejo de mudança, leva-nos a querer o que é bom, o que é santo; não podemos sair do momento de encontro com Deus da mesma forma que entramos; não podemos sair dali sem nos comprometer com o Senhor e firmar diante dele o nosso propósito de ser melhores. É na oração contínua, fiel e perseverante que você vai adquirir a força para ser bom e fazer o bem.

UM SEGREDO DE CURA

É o amor, e não o tempo, que cura todas as feridas! O amor cobre uma multidão de pecados. Jesus não quer que amemos de qualquer jeito, só da boca para fora. Deus não quer um amor fingido!

Amor fingido?! Isso existe? Existe até demais!

Nosso mundo prima pela aparência. Estamos numa sociedade muito frágil que pôs os seus alicerces não na verdade, mas nas aparências. Nesta sociedade, as coisas boas só valem a pena desde que sejam vistas, aplaudidas e tragam um retorno ainda maior para quem as fez. Isso não é amor, é comércio, e pode acontecer com cada um de nós, se fizermos as boas coisas esperando algo em troca. O amor é gratuito. Não só é gratuito mas nós o devemos a todos os que de nós se aproximam: "Não tenhais dívida alguma com ninguém, a não ser a de um amor mútuo, pois quem ama o seu semelhante cumpriu a lei" (Rm 13,8-10).

Se quisermos medir o nosso amor, devemos lembrar que é importante fazer o bem, mas ainda é mais importante querer o bem. Que antes do "fazer bem" venha o "querer bem". Sem o amor, tudo o que fazemos é inútil; nossas boas obras podem até aproveitar a alguém, mas a nós de nada aproveitará diante de Deus. O amor precisa ser a raiz de tudo o que fazemos.

"Amarás o teu próximo como a ti mesmo." Para amar sem falsidade, devemos fazer às pessoas tudo o que gostaríamos que alguém fizesse a nós, e não fazer aos outros o que não gostaríamos que nos fizessem. Parece simples, mas a nossa velha natureza marcada pelo pecado reage mal a essa proposta. Não podemos buscar as forças neste coração meramente humano, precisamos buscá-la no coração divino que Deus plantou dentro de nós. Para amar assim, só com um novo coração. Todo batizado tem esse "coração novo", o que precisa é usá-lo, exercitá-lo.

Quando amamos de coração, o Espírito Santo, que em nós habita, é quem ama em nós. Através de nós passa o amor do próprio Deus. Por isso o nosso amor é diferente dos demais, por ser amor de Deus: já não sou eu quem amo, mas Cristo que ama em mim!

NÃO TE CONDENES A TI MESMO!

Quando amamos alguém de verdade, estamos sempre procurando uma maneira de proteger essa pessoa. Mesmo quando ela está errada, colocamo-nos ao seu lado, porque a amamos. Podemos não concordar com o que ela fez, mas ficamos em busca de uma razão para desculpá-la. O amor é assim, tudo desculpa e quem muito ama muito perdoa.

Quantos pais já pagaram pelo erro de seus filhos! Muitos assumiram sobre si a culpa para desculpá-los; fizeram isso porque os amavam.

Prenderam, certa vez, um assassino muito cruel, que havia matado muitas pessoas de maneira terrível. Encarcerado em prisão de segurança máxima, sozinho numa cela, ninguém o visitava. Ele era considerado um monstro.

Naquela manhã de sábado, porém, anunciaram que alguém o viria visitar. O carcereiro não podia acreditar que alguém pudesse se importar com um indivíduo tão ruim. Contrariado e resmungando, fez entrar a visitante dizendo: “Para visitar este animal, só se for a mãe dele!”. E, realmente, era ela! O amor nos faz olhar para o que há de bom nas pessoas e nos salva de julgá-las pelas suas atitudes com intenção de condená-las.

Quando olhamos para o homem em busca do mal, sempre vamos encontrá-lo. O que Deus nos quer dar é, também, um novo olhar sobre o nosso irmão, desprovido de nossos julgamentos envenenados que insistem em condenar aquele que se encontra na mesma condição que nós. “Por isso, não tens desculpa tu, ó homem, quem quer que sejas, que te armas em juiz. É que, ao julgares o outro, a ti próprio te condenas, por praticares as mesmas coisas, tu que te armas em juiz” (Rm 2,1). Em geral, condenamos nos outros os defeitos que temos em nós e que não aceitamos reconhecer. Temos de ter cuidado! Jesus diz: “Não julgueis, para não serdes julgados” (Mt 6,37a). Se julgarmos o nosso irmão para condená-lo, o Senhor terá de nos julgar.

Podemos e devemos fazer juízo sobre as situações, mas não nos cabe dizer se alguém é bom ou é mal. Isso cabe a Deus. Podemos reprovar as obras más, mas não temos o direito de, junto com o pecado, condenar também o pecador.

QUE REMÉDIO USAR PARA NÃO CONDENAR?

São Francisco de Sales comenta sobre os danos que os nossos julgamentos causam não só às pessoas mas também à nossa alma e aponta o remédio: "Diz-se que quem bebeu do suco de uma erva da Etiópia, chamada ofiúsa, imagina ver por toda parte serpentes e mil outras coisas pavorosas e, para curá-lo, é preciso lhe dar de beber um pouco de vinho de palma. Seja como for, mas, quanto aos que se deixaram corromper pela inveja, ambição ou ódio, achem mal e repreensível tudo o que vêem; para estas pessoas, só o espírito de caridade que a palma representa pode vencer esta má inclinação de formar juízos temerários e iníquos. A caridade, muito longe de ir observar o mal, teme até encontrá-lo, e, se o encontra, procura evitá-lo, fazendo como se não o visse. Se ouve, por alto, falar de alguma coisa má, mais que depressa fecha os olhos e por sua santa simplicidade pensa que foi só uma sombra ou aparência do mal. E se, coagida, tem de reconhecer a realidade de um mal, ela vira, logo que pode, os olhos para o outro lado e procura esquecê-lo. A caridade é, pois, um meio eficacíssimo para todos os males, mas particularmente para este. Todas as coisas aparecem amarelas aos olhos dos achacados da iterícia, e diz-se que, para os curar, é necessário aplicar um certo emplastro na planta dos pés. A malícia do juízo temerário, de um modo semelhante a essa doença, faz parecer tudo mau aos olhos dos que a apanharam. Quem se quer curar tem de aplicar algum remédio não ao espírito, mas aos afetos do coração, que se podem chamar figuradamente os pés da alma, porque por eles ela se move para onde quer. Se o teu coração é, pois, bondoso e cheio de amor, os teus juízos serão delicados e caridosos".

PARA PÔR FIM A TODA PALAVRA MÁ

São Jerônimo temia que suas palavras se voltassem contra ele: "Senhor, que as minhas palavras sejam sempre doces, pois pode ser que eu as tenha de engolir".

Quem é que nunca foi vítima de uma palavra má? Quem já foi acusado injustamente ou teve a sua vida devassada perante os outros, ou, mesmo, que teve seus próprios erros lançados em face, sem nenhuma caridade, sabe que uma palavra má tem o poder de matar, de destruir.

Pediram-me que rezasse por uma moça que, por várias vezes, havia tentado o suicídio. Nada na vida daquela mulher dava certo. Sua vida afetiva era um desastre; era uma das melhores alunas no curso pré-vestibular, mas, quando o concurso se dava, ninguém conseguia entender o fracasso de suas notas; estava deprimida e, por várias vezes, havia tentado pôr fim à própria vida. Quando comecei a rezar por sua cura interior, ela chorava aos soluços. Já ia terminando a oração, quando Deus fez soar em meu coração uma pergunta: "Filho, você não vai pedir a libertação dela?". Lembro-me de que eu tinha um compromisso e que queria terminar logo a oração, por isso fui direto ao assunto. Deus foi muito claro comigo quando me veio à mente a seguinte palavra: "maldição". Então, disse-lhe: "Filha, o Senhor a liberta de toda maldição lançada sobre você!". Na mesma hora, a moça teve uma convulsão e se debateu por alguns segundos. Em seguida, retornou à consciência sem lembrar o que acabara de acontecer. A irmã dela, que acompanhava a oração, contou-me que o pai a amaldiçoava sempre, desejava-lhe doenças, desastres e morte. E, realmente, a moça estava morrendo aos poucos.

Depois daquele dia, ela livrou-se de uma tristeza mortal; a angústia a deixou. Corridos alguns meses, foi aprovada em um concurso e, da última vez que a vi, estava muito feliz com seu noivo. Em sua cabeça, já não passava a idéia do suicídio, porque o Senhor a libertou.

Veja todo o dano que lhe causaram as palavras do pai. A palavra má é letal, é como um vírus HIV, que transporta a morte consigo.

Se queremos viver um bom propósito na nossa vida, eis aí um grande desafio: pôr fim a toda palavra má. Um bom coração não despeja maldade, já que a boca fala do que ele está cheio. Deus não quer que amemos só com palavras, mas também com palavras. Uma boa palavra reanima, fortalece, consola, enche de esperança e devolve a confiança que leva a amar.

São Francisco de Sales se refere muito severamente à maledicência quando diz: "A maledicência é a peste das conversas e palestras. Oh! quisera ter uma daquelas brasas do altar sagrado para purificar os homens de suas iniqüidades, à imitação do serafim que purificou a Isaías das suas para torná-lo digno de pregar a palavra de Deus. Certamente, se fosse possível tirar a maledicência do mundo, exterminar-se-ia uma boa parte dos pecados. Quem tira injustamente a boa fama ao seu próximo, além do pecado que comete, está obrigado à restituição inteira e proporcionada à natureza, qualidade e circunstâncias da detração, porque ninguém pode entrar no céu com os bens alheios, e, entre os bens exteriores, a fama e a honra são os mais preciosos e os mais caros. Nós temos três vidas diferentes: a vida espiritual, que a graça divina nos confere; a vida corporal, de que a alma é o princípio; e a vida social, que repousa seus fundamentos na boa reputação. O pecado nos faz perder a primeira, a morte nos tira a segunda e a maledicência nos leva a terceira.

A maledicência é uma espécie de assassino, e o maldizente torna-se réu de um tríplice homicídio espiritual: o primeiro e o segundo com respeito à sua alma e à alma da pessoa com quem se fala, e o terceiro com respeito à pessoa de quem se deturpa o bom nome."

São Bernardo diz que os que cometem a maledicência e os que a escutam têm o demônio no corpo: aqueles, na língua, e estes, no ouvido. Peço-te encarecidamente que nunca fales mal de ninguém, nem direta nem indiretamente. Guarda-te conscientemente de imputar falsos crimes ao próximo, de descobrir os ocultos, de aumentar os desconhecidos, de interpretar mal as boas obras, de negar o bem que sabes que alguém possui na verdade ou de atenuá-lo por tuas palavras; tudo isso ofende muito a Deus.Não incidas nesta falta que, além de ser uma ofensa a Deus, poderia causar mil gêneros de desgostos. Ouvindo falar mal do próximo, procura pôr logo em dúvida o que se diz, se o podes fazer justamente. Ao menos desculpa a sua intenção ou, se isso mesmo não for possível, manifesta a tua compaixão. Muda de assunto, lembrando-te a ti mesmo e às outras pessoas que quem não comete muitas faltas só o deve à graça divina. Procura, por algum modo delicado, que o maldizente reconsidere e, se sabes, dize francamente algum bem da pessoa ofendida".

Temos aqui uma diretriz de Deus para nós: "Mais nenhuma palavra má saia da vossa boca, mas antes palavras boas, que possam servir para a necessária edificação, ajudando aqueles que as ouvem" (Ef 4,29). No começo, talvez, encontremos um pouco de dificuldade e alguma palavra venha a escapar. Será necessário, então, nos retratar e pedir perdão.Um pouco mais e essa palavra má virá na ponta da língua, mas conseguiremos detê-la; até que já não sentiremos tão forte em nós essa inclinação e poderemos ceder lugar à boa palavra que constrói a boa fama e a caridade.

Era justamente para dizimar a maledicência que se apresentava sob a forma de murmuração que D. Bosco incentivava a pensar bem de todos, falar bem de todos e querer bem a todos. É possível! E, com a Graça de Deus, nós vamos conseguir. O Senhor nos ajudará.

VER COM OS OLHOS DE DEUS

Amar não se resume a um sentimento, amar é um ato de decisão. Tanto isso é verdade que posso amar até as pessoas das quais não gosto, que não me são simpáticas e que até se apresentam como minhas inimigas. No amor está explícita a decisão de fazer o bem a quem amamos; quem ama faz o bem à pessoa a quem busca amar, reza por ela, deseja-lhe que tudo de bom lhe aconteça e colabora para que seja assim.

Querer bem é também ter a delicadeza de não permitir que a pessoa em questão seja humilhada por perceber as dificuldades que temos para amá-la, os nossos desgostos e antipatias. Se, por um lado, amar é uma decisão, por outro, essa mesma decisão precisa ser acompanhada de afeto, carinho, ternura. Devemos amar como Deus nos ama, e nosso Paizinho é muito afetuoso e cheio de atenção para conosco.

Houve um tempo em que eu pensava que o simples fato de eu não fazer o mal e não revidar o que me faziam era amar. Bom... isso já é o começo, mas o amor nos leva para além disso, leva-nos ao encontro do outro com as mãos cheias de ternura, com afeto verdadeiro para vencer o inimigo à moda de Deus, que vence o mal suportando-o, que retribui o mal com o bem.

As pessoas com as quais não simpatizamos não possuem apenas defeitos, mas qualidades. Devemos nos perguntar o que os seus amigos vêem nelas para amá-las. Devemos nos perguntar como Deus vê essas pessoas e enxergá-las sob a luz do Espírito Santo.

Procure pedir a Deus que traga a sua lembrança, neste momento, todas as pessoas que você precisa amar e que até então não amava. Procure vê-las com os olhos do Senhor e vá deixando que Deus encha o seu coração de bons sentimentos por elas. Reze agora, clame para que o Senhor derrame sobre vocês o seu amor e que destrua todo o muro de inimizade que se ergueu com os desentendimentos e egoísmos.

SE É PARA COMEÇAR... VAMOS COMEÇAR BEM

Um começo sem planos bem-feitos leva certamente ao fracasso. Não basta fazer coisas boas, é preciso fazê-las bem. Além do que até agora falamos, há muitos pontos da nossa vida que podem ser transformados em objetos de bons propósitos no decorrer de nosso dia. Esses propósitos são as belas flores e ofertas que vamos entregando aos pés do Senhor e que lhe são tão queridas. Os atos de amor a Deus e aos irmãos fazem a nossa oração se estender para a nossa vida. É daqui que emana aquele suave perfume: o amor que faz com que todos reconheçam que somos discípulos de Jesus.

Em concreto, o que fazer?

Podemos passar em revista a nossa consciência a fim de percebermos qual é o vício mais grave, o pecado mais entranhado em nós para combatê-lo. O maligno teme que nos determinemos. Vamos pedir que o Espírito Santo nos encha de coragem, mostre as situações de nossa vida que estão por resolver e que Ele quer tocar.

Digamos que, na nossa oração, o Espírito Santo nos faça recordar que temos de perdoar uma certa pessoa da qual já nem fazíamos conta. Para que essa situação não perdure por mais tempo, podemos já na oração assumir o compromisso de telefonar a essa pessoa, hoje mesmo, ou de irmos a sua casa para uma reconciliação. Ou, percebendo que tendo amado pouco alguém de nossa família, podemos nos comprometer com Deus a chamar esse alguém para conversar e multiplicar as manifestações de apreço por ele. Pode ser que o Senhor o inspire em especial a não mais falar mal e reclamar de alguma situação; pode ser que você queira assumir com Deus o compromisso de se afastar daquela amizade inconveniente que o leva a pecar; ou ainda, a não mais assistir àquele programa de televisão; pode ser também que resolva oferecer a Deus o propósito de não namorar em lugares escuros, isolados a fim de conservar-se na castidade, etc., ou, ainda, de, no leito conjugal, purificar as fantasias não permitindo que nada obsceno tome parte de seus pensamentos. Veja que é um campo para se trabalhar a vida inteira. É por isso que devemos começar logo. Se uma pessoa, desde o começo, toma a resolução de fazer alguma coisa por Deus, por difícil que seja, nada tem a temer.

Mudando aos poucos

João Edgard trabalhava em uma dessas emissoras de TV seculares e me contou que entre ele e seus amigos era muito comum as conversas e os comportamentos estarem sempre ligados a sexo, drogas, álcool e dinheiro. Era importante manter as aparências, por isso os restaurantes e festas caros eram indispensáveis numa vida de ostentação.

Mas Jesus fisgou-o na serenidade de um lar. A presença de Deus na casa de sua namorada (atual esposa), Gisele, era tão evidente que ele percebeu ser impossível alimentar aquela relação sem se deixar transformar por ela: voltou a participar das missas, confessou os pecados, foi amadurecendo como pessoa, optou pela fidelidade a Gisele, o que foi construindo cada vez mais a serenidade do relacionamento.

Quando num grupo de oração rezaram pelo seu batismo no Espírito, Deus aperfeiçoou a transformação que já vinha realizando e ele pôde experimentar uma maneira nova de viver, de valorizar os sacramentos e de rezar. Um grande amor e desejo de falar de Deus às pessoas tomou espaço em sua vida e seus próprios amigos foram percebendo que, apesar de ser o mesmo, ele era uma pessoa diferente, com novos valores, nova linguagem, novos propósitos.

Foi uma mudança tão densa que o prório João Edgard reconhece algo de extraordinário nisso: "O milagre foi Deus ter me feito diferente onde eu estava. Ser um profissional no mundo mas não com os valores corrompidos do mundo".

Todos os dias podemos, na oração, assumir propósitos que orientem a nossa vida e, passo a passo, dia após dia, ir com a ajuda de Deus crescendo na santidade. O Espírito Santo nos mostrará a vontade de Deus para cada dia.

Vale a pena anotar, no caderno, os propósitos que fazemos com o Senhor: em primeiro lugar, para não esquecermos e, por fim, para que, depois de um tempo, possamos fazer um balanço de nossa fidelidade aos compromissos assumidos. Experimente e verá como isso transformará você.

O método de estudo da Palavra de Deus, *A Bíblia no meu dia-a-dia*, do Pe. Jonas Abib, Editora Canção Nova, levá-lo-á a estabelecer esses propósitos e escrevê-los a partir da meditação das Sagradas Escrituras.

UM PROGRAMA DE BONS PROPÓSITOS

O próprio Senhor nos apresenta, por meio de São Paulo, um programa de vida e de amor que, se quisermos assumir como nosso programa pessoal de bons propósitos, dará muita satisfação a Deus: "Que vossa caridade não seja fingida. Aborrecei o mal, apegai-vos solidamente ao bem. Amai-vos mutuamente com afeição terna e fraternal. Adiantai-vos em honrar uns aos outros. Não relaxeis o vosso zelo. Sede fervorosos de espírito. Servi ao Senhor. Sede alegres na esperança, pacientes na tribulação e perseverantes na oração. Socorrei às necessidades dos fiéis. Esmerai-vos na prática da hospitalidade. Abençoai os que vos perseguem; abençoai-os, e não os praguejeis. Alegrai-vos com os que se alegram; chorai com os que choram. Vivei em boa harmonia uns com os outros. Não vos deixeis levar pelo gosto das grandezas; afeiçoai-vos com as coisas modestas. Não sejais sábios aos vossos próprios olhos. Não pagueis a ninguém o mal com o mal. Aplicai-vos a fazer o bem diante de todos os homens. Se for possível, quanto depender de vós, vivei em paz com todos os homens. Não vos vingueis uns aos outros, caríssimos, mas deixai agir a ira de Deus, porque está escrito: 'A mim a vingança; a mim exercer a justiça, diz o Senhor' (Dt 32,35). 'Se o teu inimigo tiver fome, dá-lhe de comer; se tiver sede dá-lhe de beber. Procedendo assim, amontoarás carvões em brasa sobre a sua cabeça' (Pv 25,21s). 'Não te deixes vencer pelo mal, mas triunfa do mal com o bem'" (Rm 12,9-21).

Que belo começo, não é? Toda dificuldade em vencer as imperfeições não nos deve perturbar, porque a nossa luta contra elas não pode nem deve acabar antes da nossa morte. O nosso aperfeiçoamento consiste em combatê-las. Quem vence a si mesmo facilmente derrotará todas as dificuldades.

Poderemos vencer sempre, uma vez que queremos combater.

ORAÇÃO

Senhor, apenas com a tua graça podemos lhe ser fiéis. Dá-me a tua força, Senhor, e renova-me o espírito de firmeza para que eu não me desvie dos seus caminhos, que a minha intenção seja sempre reta.

Eu não quero mais pecar, Senhor, não quero nenhuma cumplicidade com as obras das trevas; por isso basta de maldades, de pensamentos pecaminosos, de olhares furtivos e de condenação; eu digo não a todo ódio e rancor, a todo e qualquer mau sentimento que ronde o meu coração.

Meu Deus, eu entrego este dia em tuas mãos e assumo o compromisso de vivê-lo de forma diferente, mais santa, mais pura. Neste dia, eu vou amar de todo o coração; vou querer bem às pessoas que Tu, Senhor, fizeres passar pelo meu caminho. Hoje não quero condenar ninguém, não quero sequer julgar. Comprometo-me, Senhor, a não falar mal de ninguém. Com a tua graça, não vou ficar me lastimando nem murmurando contra a vida.

Quero viver decentemente, como o homem(a mulher) de Deus que eu sou, respeitando o meu corpo como templo teu e também os de meus irmãos. Nada de mentiras, calúnias e fofocas, nada de emprestar o ouvido ao mal. Quero esvaziar-me de toda maldade para que possas encher-me de todo o bem.

Em especial farei (...falar o que pretende fazer de bom...), ao fulano(a), por amor de Ti e para que ele(ela) se sinta amado(a) por Deus. Dá-me força e sabedoria para que, a exemplo de nosso Senhor Jesus, eu possa fazer bem todas as coisas.

EXERCÍCIO ESPIRITUAL

1. Jesus é a luz que veio ao mundo. A vela é o símbolo desta luz. Neste momento de oração, deixe uma vela acesa enquanto reza; peça ao Senhor que ilumine seus pensamentos e escreva num papel tudo aquilo que você quer que Deus arranque de seu coração e destrua pelo poder de seu sangue. Coloque não só os pecados e coisas negativas, mas também tudo aquilo em que você tem depositado mais confiança do que em Deus. Depois queime esse papel, acendendo-o na vela. Seria maravilhoso se você pudesse procurar um padre e se confessar.
2. Feche todas as portas para o mal: cancele negócios desonestos, relações afetivas ilícitas, jogue fora coisas como livros, revistas, filmes pornográficos, objetos de superstição que o possa reconduzir aos mesmos pecados. Proclame o seu desligamento com todas essas coisas.
3. Convide Jesus a entrar no seu coração, a tomar posse da sua vida e fazer com você um planejamento, uma organização das suas prioridades e a estabelecer metas. Faça poucas coisas, mas faça-as bem, e comece já. Anote seus propósitos e guarde-os com você.

SETE

PARA QUEM JÁ TENTOU DE TUDO E NÃO SABE MAIS O QUE FAZER

Você também já passou por situações difíceis em que já não sabia mais o que fazer ou onde buscar socorro? Será que você já foi vítima daquelas terríveis crises financeiras, que vêm mesmo para derrubar? Ou, quem sabe, são os problemas em casa que têm esmagado seu coração? É o seu filho quem tem levado você às portas do desespero? Alguém o está oprimindo, chantageando, ameaçando? Ou você foi deixado, abandonado, por alguém que você amou? Seu casamento está desmoronando? Você se sente inseguro ou infeliz?

Pode ser que, em algum momento ou até mesmo agora, você tenha se encontrado exausto, cansado de dar socos no ar, e todas as tentativas para resolver aquela situação pareceram que foram em vão. Talvez você não tenha dito para ninguém, mas lá no fundo da sua alma até suspirou pensando: "Já tentei de tudo o que estava a meu alcance e não sei mais o que fazer...".

Hoje, a insegurança e o desequilíbrio passaram a fazer parte da vida da maioria das pessoas. Elas vivem angustiadas, sofrem constantemente, forçadas pelo estresse e ameaçadas pela depressão. A dúvida e a confusão por causa da instabilidade que paira na sociedade foram injetadas na rotina das pessoas.

Encontrar a resposta para essas questões diretamente na Bíblia pode ser confuso. Porque nem sempre há uma resposta direta para uma questão específica, dizendo: "Nesta situação, você deve fazer assim, ou, naquela situação, você deve fazer deste outro jeito". A pessoa despreparada, se não for auxiliada pelo Espírito Santo, pode até pensar que a Sagrada Escritura se contradiz quando lê num lugar: "...vai, vende teus bens e dá aos pobres..." (cf. Mt 19,21), e num outro: "Somente no fim de tua vida, no momento da morte, distribuirás a tua herança" (Eclo 33,24b). Como você poderá distribuir a herança para seus filhos se tiver dado tudo aos pobres?

Toda essa confusão se deve ao fato de que muitas coisas ainda são obscuras para o homem. Somos todos acossados pela dúvida e pela insegurança, mesmo aqueles de nós que se escondem atrás de uma máscara, como se não tivessem problemas, crises, medos e perguntas sem resposta. Só Deus sabe as lutas que enfrentamos secretamente em nosso coração. Uma pessoa pode parecer muito santa e perfeita diante dos olhos dos homens e, no seu coração, estar travando uma terrível batalha contra a sensualidade.

Ninguém escapa ao sofrimento! Todos temos carências! Todos passamos pela experiência da solidão, da tristeza e do desconcerto. Às vezes, é como se um exército avançasse contra nós. Nessa hora, o coração grita: "E agora? O que é que eu vou fazer?!".

O Espírito Santo nos indica um caminho: "Ó nosso Deus... a força nos falta diante desta multidão que avança contra nós; *não sabemos o que fazer e nossos olhos se voltam para vós*" (2Cr 20,12). Se você não consegue vencer, se os seus combates são muitos e seus recursos estão esgotados, já é hora de voltar os seus olhos para o Senhor e fixá-los nEle.

Não se trata de desistir e passar a responsabilidade adiante, enquanto ficamos observando Deus trabalhar em nosso lugar. Não! Olhamos para Ele porque, realmente, não temos a menor idéia do que fazer. Mas sabemos que Ele pode mudar a situação, está tudo debaixo do controle dEle. Aconteça o que acontecer, podemos nos refugiar nEle e buscar sua proteção. Os nossos olhos estão voltados para Aquele que venceu o maior de todos os problemas: a morte. Podemos não saber o que fazer, mas temos a certeza de que Deus sabe.

NUNCA É TARDE DEMAIS

Mas àqueles que têm seus olhos fitos no Senhor Ele pergunta: "Credes que posso fazer isso?" (Mt 9,28). Deus é especialista em "impossíveis". Para Ele, nada está definitivamente perdido, e nunca é tarde demais.

Quando uma situação impossível é trazida diante dEle, por alguém que crê de todo coração, quando o que é pedido colabora para a salvação de quem pede, Ele não deixa de agir. Ainda que a nossa vida seja marcada por revoltas, medos, infidelidades, pecado, desastres, tudo isso poderá ser transformado por Deus em ocasiões de vitória se Lhe entregarmos nossas misérias com humildade e confiança.

E não nos preocupemos com o passado! Porque Jesus é o único que pode resgatá-lo. Deus pode restituir todo o tempo da nossa vida que foi desperdiçado e, certamente, Ele o fará assim que colocarmos toda a situação e a nossa própria vida em suas mãos, cheios de confiança, sem retermos nada para nós.

É próprio de Deus perdoar, curar, restaurar, resgatar... porque Ele é bom. Deus tem prazer em nos socorrer mesmo sem merecermos.

ACEITE A AJUDA DO CÉU

Aprenda com a sua própria experiência e pare de buscar ajuda no lugar errado. Converse com Jesus sobre a sua situação e peça socorro. Busque-O na intimidade, fique a sós com Ele e apresente-lhe tudo que tem causado confusão na sua vida. Reconheça, com humildade, que você já não tem para onde correr e confie-se a Ele.

Não pense que isso é uma coisa fácil de se fazer. Você será duramente tentado. Vai querer resolver as coisas do seu jeito, como sempre fez. Vai arder de vontade de mover tudo do seu modo costumeiro. Vai ouvir uma vozinha dentro de você dizendo: "Será que Deus está mesmo agindo? Pois eu não estou vendo sinal de coisa alguma mudando". Você vai perceber a sua fé sendo provada, muitas vezes até o limite. Mas como você já tentou de tudo mesmo e já não sabe mais o que fazer, o que você poderia perder? Pedro, entendeu isso quando disse a Jesus: "A quem iríamos nós? Tu tens as palavras de vida eterna" (Jo 6,68).

Deus escondeu uma força nesta palavra e a faz descer ao coração de quem a repete. É impossível proclamá-la com fé sem experimentar a sua doçura e eficácia: "Eu, porém, volto meus olhos para o Senhor, ponho minha esperança no Deus de minha salvação; meu Deus me ouvirá" (Mq 7,7). Repita-a, em alta voz, deixe-a repousar sobre a sua alma e observe você mesmo o resultado.

Uma mulher, abandonada pelo marido, assume sozinha o filho que tiveram; ela fica transtornada ao chegar em casa e encontrar o rapaz totalmente drogado. O filho não a escuta e insiste em permanecer como usuário de drogas. Então, ela passa a freqüentar grupos de ajuda, recorre a especialistas, começa a estudar sobre o assunto e vai aonde apontam uma possibilidade de libertação para o rapaz, arrastando-o consigo, mas ele não colabora.

Então, suas forças começam a se esgotar; ela se recolhe, chora e faz aquilo que deveria ter feito desde o princípio. Ela volta seu coração para Deus, repousa nEle seus olhos, aproxima-se dEle e reza: "Senhor, já não agüento mais; já tentei de tudo e não sei mais o que fazer. Isso tudo já superou as minhas forças e não vejo quem possa me ajudar. Só me resta o Senhor. Eu confiarei!". Apenas acabou de rezar e se sente fortalecida, sente dentro de si a certeza de que Deus a conduzirá por caminhos inesperados e seguros, de que Deus lhe mostrará o que deve fazer.

Quem levanta os seus olhos para o Senhor faz isso porque sabe que Ele vai agir. Certamente, Deus age intervindo na situação, mas age, sobretudo, tornando o homem capaz de vencer, revestindo-o de sua força e mudando seu coração. Ele não enterra a pessoa num amontoado de normas e respostas, mas coloca dentro dela um coração novo, preparado para distinguir sua vontade e aplicá-la.

A HISTÓRIA DOS DOIS EMPREGADOS

Só o Espírito Santo pode mudar um coração. Sem Deus, qualquer mudança é frágil, enganosa e, mais cedo ou mais tarde, acabará desmascarada. Como aconteceu com aqueles dois homens que estavam à frente de uma fazenda imensa e cheia de empregados.

Os dois eram terríveis, estúpidos, insolentes, interesseiros e muitas outras coisas ruins. Os empregados tremiam só de ouvir o nome deles. Abusavam das funcionárias, não respeitavam ninguém. Infiéis às esposas, esses homens eram ainda piores, à noite, quando bebiam.

Um dia, o dono da fazenda lhes escreveu dizendo: "Ouço toda espécie de mal a respeito de vocês. Irei visitá-los e levarei a polícia comigo; se não tiverem corrigido o mal que causaram, vou responsabilizá-los e metê-los na cadeia".

Um deles, ao pensar em tudo o que tinha feito de ruim, e no quanto era impossível corrigi-lo, teve um enfarto e caiu morto. O outro, aproveitando-se da situação, formulou um plano e foi falar com o padre da região:

— Então, senhor padre, o meu amigo morreu e o nosso patrão está chegando para o enterro. O pobrezinho não pode mais se defender, e não vale a pena manchar a sua imagem com as coisas que aconteceram no passado... O que passou, passou. Sei que também não fiz muitas coisas boas, mas, como andávamos sempre juntos, o que disserem de mim vão atribuir também a ele e não vale a pena manchar a reputação do pobre defunto. Na verdade, eu gostaria que o senhor dissesse, no sermão do enterro, que ele era um santo. Como as pessoas respeitam o senhor, ninguém irá desmenti-lo...

— Jamais! — respondeu o padre. — Esse indivíduo era um sem-vergonha, cruel e aproveitador. Não vou mentir para encobrir seu mau caráter.

— Padre — argumentou — o senhor tem razão, mas para que entristecer os amigos, os parentes e o patrão, falando das coisas ruins que já não têm importância e nem vão mais acontecer?

— De jeito nenhum! — acentuou o padre. — Nunca direi que o seu amigo era um santo! E me deixe em paz! Saia!

Desesperado, o homem põe sobre a mesa um saco cheio de dinheiro e propõe:

— Quinze mil, para dizer no sermão que ele era um homem santo.

O padre ficou calado... pensativo... Então, pegou o dinheiro e o pôs no cofre.

No outro dia, na hora da encomendação, o homem se aproxima do reverendo e diz:

— Não se esqueça! Tem de dizer que ELE ERA UM SANTO!.

O padre, então, começa o discurso:

— Meus amigos. Este homem que está aqui no caixão foi um indivíduo dos piores. Um homem malvado, dado aos vícios, um tormento para os que com ele conviviam. Ladrão, mentiroso, traidor, rude e autor de todo tipo de mal; escravo do pecado, preferiu morrer a ter de mudar. Mas, comparado ao seu amigo, que tentou subornar o padre, ELE ERA UM SANTO.

É mais fácil fingir-se de bom, do que ser bom de fato. Por isso o mundo está cheio de farsantes.

É o Espírito Santo que concede uma vida nova em Cristo Jesus e liberta da escravidão do pecado, que dá a morte (cf. Rm 8,2).

Se o homem não se abre ao Espírito Santo, qualquer coisa lhe parece válida para atingir seus objetivos e lhe parece mais fácil morrer do que se deixar transformar. É clara a diferença entre o homem que vive fechado ao Espírito e o que se abriu a Ele: o primeiro não consegue mudar, porque é escravo de suas paixões e faz o que sua carne manda; o segundo é amigo de Deus e não é obrigado a nada, mas escolhe fazer o que agrada ao seu Senhor. Ele despreza seus desejos carnais e tem em seu coração o "pensar" e o "agir" de Jesus.

Para que uma pessoa possa caminhar, ela precisa de força, essa força, e o Espírito Santo; precisa de luz para ver, e essa luz é o Espírito Santo; precisa de um alimento que sustente seu coração no bom propósito, e esse alimento, derramado em nossos corações, é o Espírito Santo; precisa de um caminho, e esse caminho é Jesus. Mas o Espírito Santo é o guia na caminhada que toma a alma pela mão e a faz percorrer o Caminho Perfeito.

É muito interessante o que o Espírito faz em nós quando O acolhemos; Ele não só nos leva a agir de acordo com os desejos de Deus, mas nos leva a querer o que Ele quer. Ele não faz coisas novas, mas renova todas as coisas. É tal a novidade que Ele traz que tudo o que Ele toca se torna criatura nova (Gl 6,15). Se há tantas coisas em sua vida que precisam mudar, a ponto de levá-lo a perceber que precisa mesmo é de uma nova vida, eis aí o segredo.

Trata-se de receber uma capacidade nova de amar, e temos aqui um poder verdadeiro dado aos homens. Quando sentimos o poder do amor atuando, e vemos alguém amando poderosamente, percebemos que ali habita uma nova vida trazida pelo Espírito Santo.

Não há nada mais forte que o amor. Ele transformou Deus em homem; só ele pode transformar o homem para Deus. O resto é sombra, é reflexo de poder. Porque o amor pode tudo, nada lhe é impossível. Há duas maneiras de fazer uma pessoa agir: pela força, obrigando-a; ou pelo amor, atraindo-a. Mas só o amor tem o poder de mudar o coração. Por isso, pouco importa quantas coisas você faz, importa, mesmo, o quanto você ama.

Quando o Espírito Santo é convidado pelo homem a entrar em sua alma, toma posse de sua vida e planta em seu coração um desejo que o leva a fazer tudo o que Deus quer, espontaneamente, sem sequer ter de pensar, porque esse mesmo desejo também se chama "vontade de Deus". Então, ele ama tudo o que Deus ama e quer tudo o que Deus quer.

Quem ama brilha, aquece, contagia de felicidade, segue em frente sem conhecer obstáculos. O amor não sabe o que significa "Já chega!", "Basta!". Ele quer sempre mais. Para ele, nunca basta. Em geral, não enxerga as dificuldades, não mede esforços em favor de quem ama, faz mais do que pode.

Amar é poder. Quem ama, sente-se capaz de fazer qualquer coisa, faz muitas e é bem-sucedido; ao passo que quem não ama, fracassa e se dá por vencido (cf. *Imitação de Cristo III*, 5).

Ter um coração novo é isto: amar com uma capacidade nova, com o coração de Deus. O homem que ama escuta a Deus, vê Deus, porque seu coração está em sintonia com a vontade dEle.

Tenha a certeza de que Jesus conhece a nossa realidade. Ele sabe o que fomos no passado e o que somos ainda no presente; Ele tem conhecimento de toda carga de impureza, infidelidades, desvios, maldades, excessos, desonestidades e outras coisas mais que levamos conosco. É por isso mesmo que Ele nos deu o seu Espírito Santo para nos lavar, santificar e justificar, e Ele nos faz querer viver uma vida nova mesmo antes de estarmos prontos para ela, porque Ele também conhece o potencial de cada homem e a capacidade de crescimento e transformação de cada um.

Para iluminar uma pessoa e mostrar-lhe o que ela precisa fazer, nas várias situações de sua vida, Deus precisa que ela se torne uma nova criatura. Só assim o Espírito Santo pode fazê-la íntima de Deus e revelar-lhe os segredos de Seu coração.

O IMPOSSÍVEL DEUS PODE REALIZAR

Conheci um dos dois fundadores de um dos mais fortes grupos do crime organizado no Rio de Janeiro. Fiquei assombrado quando ouvi pela primeira vez o seu testemunho. Ele contava que tinha perdido a conta do número de pessoas que havia inserido no mundo das drogas; ele havia roubado, estuprado, mandado assassinar, torturado. Inúmeras pessoas haviam sofrido ao passar por suas mãos; até mesmo a própria mãe era espancada por ele.

Sua vida era marcada pela desgraça, ele era o tipo de pessoa da qual os outros desistem, daquelas que ninguém espera que mude e até duvida que isso seja possível.

Quando sua família passou por uma situação de calamidade, ele foi cativado pelo amor com que acolheram sua mãe na Igreja. Esse simples fato acendeu em seu coração a esperança de que ainda houvesse pessoas boas e a curisiodade de saber porque motivo faziam isso.

Ele aceitou o convite de participar de um Seminário de Vida no Espírito Santo e, quando ouviu dizerem que Deus o amava incondicionalmente e que todo amor de Deus era para ele, seu coração de pedra desfez-se aos pedaços. Ele cedeu a esse amor e arrependeu-se de todos os crimes que havia cometido.

Mas havia uma questão, ele não podia mais fugir. Ele teria de se desligar daquele grupo de bandidos do qual fazia parte. Teria de enfrentá-los e dizer-lhes que Deus havia mudado seu coração e que agora sua vida jamais seria a mesma. Certamente, ele seria assassinado; ele sabia que se desligar significava a morte.

Naquele dia, ele tinha feito a opção de não se reunir ao bando para participar do encontro de oração. Sua opção por Deus foi o que salvou a sua vida, pois, enquanto ele estava na Igreja, a polícia descobriu o seu bando, houve um confronto e todos os bandidos do seu grupo foram mortos.

De uma maneira inesperada, ele se viu livre; livre dos comparsas que o matariam e que agora estavam mortos; livre da polícia que achava tê-lo exterminado, entre os seus colegas, e já não o procurava mais.

É tão espantoso o que Deus fez com esse rapaz que só podemos dizer que Ele o fez de novo, transformou-o numa nova criatura. Hoje, muitos grupos de oração, no Brasil e em Portugal, cantam as suas músicas. Jesus fez dele uma testemunha de seu amor, e um sinal de que Deus não desiste de seus filhos por mais pecadores que sejam.

Por mais difícil que nos pareça a conversão de alguém, precisamos ter sempre em nossa lembrança que o impossível Deus pode realizar.

PARA SABER O QUE FAZER...

Há alguns passos para a busca da verdade. O primeiro passo é a humildade. O segundo, a humildade. O terceiro, a humildade. E o último, a humildade. Humildade é aceitar os próprios limites, incapacidades e pequenez.

Se alguém quiser saber o quanto Deus está presente em seu coração, procure examinar com toda sinceridade o mais profundo de sua alma e veja se tem sido humilde e resistido fortemente ao orgulho; se tem combatido a inveja com o desejo de que os outros sejam felizes, se está desapegado da gana de ser elogiado, se tem alegria no sucesso dos outros; veja se não há dentro de si o desejo de pagar o mal com o mal e se prefere abrir mão da revanche a perder a comunhão com Deus.Quanto mais o homem se humilha, mais Deus se acerca, descendo até ele.

Há uma razão para o mar ser tão grande e tão poderoso: é que ele teve a humildade de se colocar alguns centímetros abaixo de todos os rios. Tornou-se grande por saber receber. Se tivesse dito: "Serei o primeiro e me colocarei no alto, onde todos possam me ver", teria se tornado uma ilha; perderia a própria água, ficaria estéril e sozinho. Somente o homem que se reconhece pequeno e abaixa-se para servir é que será cheio de Deus e a Ele se unirá.

O segredo para saber o que fazer em qualquer situação é estar unido a Deus; quanto mais junto dEle, mais clareza temos de todas as coisas, e essa união só é possível aos que foram comovidos pelo Espírito Santo. Ele é o Espírito da verdade. É Aquele que ensina, que faz nascer no espírito, que traz à memória tudo aquilo que Jesus ensinou aos seus discípulos. Ele nos revela os tesouros de Deus e nos faz desejar somente coisas boas.

O homem ou a mulher que são conduzidos pelo Espírito Santo têm idéias perfeitas, exatas, certeiras, justas. É por essa razão que muitas pessoas sem estudo, consideradas ignorantes, sabem mais coisas que os sábios e os doutores, os homens cultos deste mundo.

COMO DESTRUÍ O ADULTÉRIO DO MEU MARIDO

Certo dia, uma senhora parou para me dizer como o meu primeiro livro *Quando só Deus é a resposta* a estava ajudando em situações concretas de sua vida. Era uma linda mulher, negra, à volta dos setenta anos, que me foi dizendo: "Sabe, meu filho, agora na minha idade, depois de tantos anos de casada, descobri que meu marido, já velho, arrumou uma amante. Imagine só... se eu ia deixar meus filhos descobrirem para se revoltarem, ficarem tristes, infelizes e não perdoarem o pai! Imagine você se eu ia deixar, nesta altura da vida, meu casamento ser destruído!

Nada disso!

Descobri onde a moça morava e fui lá conversar com ela: 'Minha filha, o que deu em você? Tão jovem, envolver-se com um homem casado, desta idade, podia ser seu avô! É dinheiro? Você está passando necessidades? Então, manda o vô passear, que a partir de agora é a vó que vai ajudar você'.

Passei a ajudá-la todo mês com uma cesta básica, ficamos amigas e acabou-se o adultério".

Quando ouvi essa mulher narrando cheia de bom humor, alegria e generosidade a maneira como resolvera aquele sério e grave problema, não resisti e beijei-a. Pude ver, claramente, que não foi fácil suportar a humilhação de ser traída àquela altura do campeonato, ter de se rebaixar e ir ao encontro da "rival", que poderia se servir da oportunidade para humilhá-la ainda mais. De onde veio aquela sabedoria e aquela força, senão do Espírito Santo? De onde brotou aquela idéia exata, perfeita, eficaz, senão da oração?

A sua humildade permitiu que Deus a usasse para esmagar a astúcia maligna que pretendia destruir seu lar.

Situações como essa demonstram que a pessoa humana precisa de mais do que dicas e bons conselhos, porque um conselho bom denuncia o mau caminho e desmascara o erro, mas não impede que a pessoa erre, não a capacita para o bem. Como ele vem de fora, não transforma o homem por dentro, não muda seu coração. Só Jesus pode transformar o coração de alguém, arrancar-lhe a dureza da alma e destruir todo rancor, toda inimizade e todo ressentimento contra Deus, que o pecado semeou. Porque foi Ele que, pela sua cruz, arrancou de nós a morte e, no seu lugar, encheu-nos de vida... No lugar de toda mágoa, colocou um grande amor por Deus, nosso Pai, e fez-nos sentir, de verdade, que somos filhos dEle.

E toda essa obra maravilhosa acontece pelo Espírito Santo que toma daquilo que é de Jesus, do seu amor, e no-lo comunica (Jo 16,4), para transformar nossa vida velha, desgastada e destruída, numa vida inteiramente nova.

Uma pessoa jamais conhecerá a Jesus nem mesmo a si própria sem uma graça especial da parte do céu. Foi por isso que recebemos de Deus não o espírito do mundo, mas o Espírito Santo, a fim de que conheçamos os dons que Deus nos concedeu (1Cor 2,10-13). O Pai do céu colocou no coração de cada homem e de cada mulher um tipo de compreensão, um pressentimento, uma percepção para que descubra a verdade. E todo aquele que, abandonando as inclinações para o pecado, entra em comunhão com Deus, recebe dEle o seu Espírito e é por Ele conduzido, tornando-se uma pessoa mais espiritual, e Deus utiliza-se dela para derramar suas graças sobre outras pessoas.

Mas o inverso também é verdadeiro. Se pelo pecado entristecemos o Espírito e o deixamos apagar em nosso coração, tudo em nós fica na mais absoluta escuridão. As trevas do erro cegam os olhos da alma, neutralizam as capacidades da pessoa, confundem as prioridades da vida, e o homem, envolvido pela escuridão, despreza dons preciosos confundindo-os com o que é grosseiro. É impossível, sem o Espírito Santo, distinguir o que é melhor para si mesmo.

O discernimento é próprio do homem novo, daquele que se converteu. Dizia Sto. Agostinho que, antes de toda e qualquer coisa, é preciso converter-se pelo temor de Deus para conhecer-lhe a vontade, para saber o que ele ordena buscar ou rejeitar. Só temos o devido discernimento através da conversão/renovação de nossa mentalidade (Ef 4,23-24).

É preciso abandonar todo caminho velho, toda mentalidade velha, para andar nesta nova luz, neste novo caminho. Um homem velho não pode andar pelo Novo Caminho, e ao homem novo já não convêm os caminhos de antes.

Para nós, o acesso às realidades espirituais, a revelação do caminho a seguir, a resposta tão esperada na hora difícil passam, certamente, pelo desejo de sermos renovados espiritualmente. Se desejarmos isso e pedirmos a Deus, Ele não demorará em nos atender e nos proporcionará uma experiência com o seu Espírito, que ensina todas as coisas.

Ao que remover toda cortina velha de pecado que vela a alma, Deus concederá a novidade da sua luz. E a oração é a melhor ferramenta para isso; ela deve orientar a nossa vida e devemos aproveitar os nossos momentos de intimidade com Deus para pedir as diretrizes que nos vão conduzir.

O Senhor tem o desejo de nos dar as suas graças. Mas não as quer dar senão aos que pedem. As almas sem oração são cegas e entrevadas. É preciso pedir a Deus a graça do discernimento que é o "abrir de olhos" da alma e a força que a faz caminhar na verdade.

Assim o Espírito Santo concede ao homem a graça de enxergar o que antes era incapaz de ver.

Há muitas pessoas que conhecem a Deus, mas não o compreendem, nem a suas decisões. E só o conseguirão se, por meio da fé, receberem o dom do Espírito Santo. Aos que Lhe abrem o coração, Ele os salva, cura, aconselha e fortalece, consola e ilumina suas mentes, faz deles canais de sua graça.

Deus capacitou você com a inteligência para buscar a verdade que o libertará e fará feliz, mas há as realidades que estão acima da razão, realidades sobrenaturais, invisíveis à capacidade humana, que só poderão ser conhecidas com a ajuda de Nosso Senhor.

Se a pessoa usa seus pensamentos para conhecer o Senhor e, no decorrer do seu dia, busca-o com intenso desejo, guardando a Sua Palavra no coração, torna-se amiga de Deus. E Deus iluminará o seu espírito, tornará Jesus presente junto dela e em tudo o que ela fizer. Não existe amigo mais íntimo do homem sensato que o Espírito Santo; Ele lhe revela os mistérios de Deus. E o segredo mais precioso de Deus é a misericórdia.

Quando uma pessoa está atormentada pela dúvida ou está com medo do futuro deveria buscar descobrir que amigo maravilhoso é o Espírito Santo, e assim, pedir a Ele que abra os olhos de sua alma e lhe faça compreender as maravilhas que Deus tem reservado para ela, bem como o futuro que a aguarda. Seguramente, o Espírito Santo iluminaria seu destino.

ONDE ESTÁ A AJUDA DE QUE VOCÊ TANTO PRECISA?

Mais que nunca, o homem tem corrido atrás de respostas e de um sentido para a vida. Anseia por tudo que possa promover uma auto-ajuda, mas, a bem da verdade, ele pode conseguir muito mais que isso. Porque os homens podem dar conselhos, e os doutores, indicar caminhos, mas só Jesus Cristo, com o seu Espírito, é que pode dar a força para segui-los.

Deus ajuda. Deus responde. Mas o meio pelo qual Deus mais fala com as pessoas, responde às suas perguntas e ilumina suas dúvidas é a Bíblia. Ele continua agindo, como fez com seus discípulos de Emaús: "Abriu-lhes a inteligência para compreenderem as Escrituras" (cf. Lc 24,45). Só os que receberam a graça do Espírito Santo é que podem compreender com propriedade a Palavra de Deus e o plano que Ele tem para a vida de cada um.

Com a mesma ternura e autoridade que falava aos seus apóstolos, Jesus também fala conosco, só que o faz por meio de seu Espírito, instruindo-nos com boas inspirações. Somos, por Ele, conduzidos, muitas vezes, e nem percebemos. Ele vem como aquele vento que sopra onde quer, cuja voz se ouve, mas não se sabe de onde vem nem para onde vai (cf. Jo 3,8). Só mais tarde, pelos frutos é que você percebe que era Ele, o Espírito Santo. A pessoa que, sem Ele, busca encontrar o sentido da própria vida se frustrará como um cego procurando uma agulha no palheiro. Mas se ela abrir-lhe a alma e entregar-lhe o coração, fará uma das mais fortes experiências de Deus. Sentirá, dentro de si, um impulso, uma orientação, uma certeza que faz parecer que Deus está ali em pessoa a lhe falar, como um pai cheio de força e de carinho. E aqueles obstáculos que pareciam insuperáveis transformam-se em plataformas para enxergar novos horizontes.

Os que esperam de Deus a diretriz para a situação que vivem não esperam em vão, porque Ele dá e dará a orientação interior que ensina tudo. Ela é verdadeira e não mente nunca (cf. 1Jo 2,27). Ela guia infalivelmente se for ouvida.

POR QUE MUITAS PESSOAS NÃO ALCANÇAM ESSA AJUDA?

Deus fala com o homem de diversas maneiras: por meio da sua consciência, de outras pessoas, da Bíblia, dos fatos da vida, mas só aquele que ouve o Espírito Santo, no íntimo de sua alma, é que compreenderá e tirará proveito do que Ele disser. É por isso que muitos escutam a Palavra de Deus, mas não se deixam transformar por ela; outros a escutam, mas cada um compreende de uma maneira diferente, muitas vezes equivocada.

Se essa condução do Espírito e as respostas vindas do céu são tão acessíveis, por que muitos não compreendem a vontade de Deus? É que, nesta área da vida, a própria pessoa pode impor um verdadeiro estorvo ao Espírito Santo.

Quando o homem se deixa levar apenas pelos seus instintos, mentalidades e impulsos, não consegue perceber as coisas que o Espírito Santo lhe mostra. Quando as percebe, não acredita nelas, acha que são loucura e não as entende porque só consegue avaliar as coisas com critérios carnais, prevalecendo seu lado animal. As coisas de Deus precisam ser avaliadas espiritualmente, com critérios espirituais. São João Vianney dizia que o homem é todo terrestre e animal. Somente o Espírito Santo pode pô-lo de pé e elevar a sua alma.

Se a pessoa não tomar a decisão de superar esse obstáculo, vai passar a vida inteira sem entender coisa alguma, e os mistérios de Deus lhe serão velados para sempre. Porque se deixou seduzir pelo prazer sensível, acabará por recolher o cêntuplo em aflições e desgostos. Mas, se renunciar a uma satisfação por causa de Deus, o Senhor dar-lhe-á cem vezes mais aqui na terra, tanto espiritual quanto materialmente.

Quem quiser ter acesso às orientações de Deus e quiser ser guiado pelo seu Espírito, precisa deixar cair das costas o jugo do homem carnal. O próprio Espírito Santo se propõe a purificar os que querem.

O homem mundano que não ocupa os pensamentos com as coisas do céu e com os ensinamentos de Nosso Senhor Jesus Cristo, mas entulha sua cabeça com imagens, mensagens e pensamentos carnais, em vão se esforçará para enxergar as realidades espirituais e a própria verdade já que a Luz de Deus só pode ser acolhida por uma mente vazia de todo o mal.

Por isso, antes mesmo de querermos penetrar os mundos revelados pelo Espírito e termos acesso às respostas das perguntas que fazemos a Deus, é preciso superar as tendências maliciosas da carne.

O PODER DA UNIÃO A DEUS

Certas peças só podem ocupar seu lugar na engrenagem se forem dilatadas pelo calor. Também o homem, se não for aquecido pelo fogo do Espírito Santo e por Ele purificado, não poderá ingressar no conhecimento de Deus. Quanto mais puro é o coração da pessoa, mais íntima se torna do Senhor e mais Ele se revela a ela.

É por isso que o demônio acorrenta, na impureza, muitas almas capazes e talentosas, para que não conheçam a Deus e aos seus planos e para que não os tornem conhecidos a outros.

Conta-se que certa vez levaram uma pessoa endemoniada para que São Francisco lhe fizesse um exorcismo. Como o demônio insistia em desobedecer e recusava-se a retirar-se dela, Francisco ameaçou-o: "Ou você deixa em paz esta alma ou chamarei o Frei Junípero".

Na mesma hora, o espírito maligno a deixou. Contam que a pureza de coração e a castidade de Junípero era tão intensas que o maligno nem sequer suportava a sua presença.

A nossa vontade, seduzida pelas paixões, escravizou o nosso corpo no pecado e, se quisermos, dia após dia, que o Espírito Santo nos ilumine sobre as coisas do céu, que nos revele os segredos da Bíblia, a verdade sobre a nossa vida e o nosso próprio destino, teremos que batalhar seriamente pela pureza.

Quem se entrega à fornicação peca contra o próprio corpo; peca, então, contra o Espírito, pois o corpo é templo do Espírito Santo. A pureza é um dos segredos para se achegar a Ele, porque a pessoa que não se deixa dominar pelo sensível torna-se mais disponível para receber as graças e os dons de Deus.

Lutar contra a impureza é, certamente, evitar o pecado e suas ocasiões, mas é, sobretudo achegar-se ao Senhor e, pela Eucaristia, unir-se ao seu Corpo Santo. "Ou não sabeis que quem se achega a uma prostituta faz-se um só corpo com ela? Mas aquele que se achega ao Senhor, faz-se com Ele um só espírito" (1Cor 6,16-17).

Temos aqui um belo instrumento em nossa luta. Quando a tentação apertar, repita em seu coração: "Quem se achega ao Senhor, faz-se um só com Ele". Faça isso inúmeras vezes e busque o Corpo dEle, porque quem se une a Deus, em seu coração, pela fé, adorando-O na hóstia santa e comungando-O, recebe em seu corpo a pureza do próprio Jesus. Nessa hora sagrada, o toque de Deus pode fazer o homem ver com olhos espirituais, enxergando toda a beleza, sem nada lhe parecer impuro.

O Espírito Santo age no coração de cada pessoa como fonte de libertação e renovação espiritual. Só Ele pode tornar o homem capaz de seguir com fidelidade a direção que Deus lhe dá, enchendo-o de uma vida nova e selando sua amizade com o céu e com o bem.

Mas, se você quiser se unir já ao Senhor, há algo que podemos fazer agora. Podemos entregar a Ele a nossa mente. Entregar significa confiar, ceder, reservar. Trata-se de decidir por não querer usar mais a nossa mente, de agora em diante, a não ser para o conhecimento da verdade e para a Glória de Deus. Entrega que deveremos repetir todos os dias pela manhã, pois há uma força escondida nela. É impossível fazê-la sem que Jesus nos faça experimentar seu misterioso poder.

ORAÇÃO DE UNIÃO A DEUS

Meu Senhor, meu Deus e meu Pai, em nome de Jesus, eu me coloco em tuas mãos e me entrego a Ti. Peço-Te que me perdoes por meus pecados e me afastes deles. Renuncio a tudo o que me afasta de Deus, neste dia. Senhor, eu estou arrependido!

Lava-me no sangue do teu filho, Jesus, e purifica-me de toda impureza e de toda malícia. Coloca sobre os meus olhos a tua mão para que o meu olhar seja santo; que ele transborde o teu amor e a tua pureza.

Que eu possa ver as pessoas para além de seus corpos, de sua carne e de sua aparência. Quero vê-las com teus olhos, Senhor, e amá-las com o teu coração; quero ver a tua presença neles.

Fecha a minha mente a toda malícia. Fecha meus olhos a toda cobiça. Guarda-me de provocar a impureza por meio das coisas que digo. Protege-me de ser contagiado pela impureza por meio do que escuto. Que tantos quantos se achegarem a mim neste dia possam sentir a presença do teu Espírito que habita em mim.

Entrego-Te o meu corpo, a minha mente e todo o meu ser, neste dia. Declaro que eles Te pertencem e aceito tudo o que tu, Senhor, quiseres que eu viva, hoje. Aceito a tua vontade para minha vida! Conduza-me, Senhor!

Pai, eu rejeito, de todo o coração, a impureza, a malícia, a luxúria, a fornicação, a prostituição e o adultério, em pensamentos e em atos, porque sei que eles me afastam de Ti. Com a tua ajuda, meu Deus, não cometerei mais esses pecados.

Reservo para Ti, ó Pai, em nome de Jesus, meus pensamentos, meus desejos, minhas palavras e todas as minhas atitudes para que Te sejam agradáveis e santos. Dá-me a graça, Senhor, de não mais pecar contra a castidade. Lava-me, de tudo o que é mau e liberta-me de todo desamor, da mentira, da irritação, do negativismo... (peça a libertação de todos os males que lhe vierem ao pensamento durante a oração).

Abro mão de tudo o que Te desagrada, quero ser só teu, meu Deus. A partir de agora, rompo com toda fantasia pecaminosa, com as más companhias, com as amizades perigosas, com a obstinação em permanecer no erro e todo desequilíbrio em ser querido e bem visto pelas pessoas. Que tudo o que fomenta a minha sensualidade e enfraquece o meu espírito seja destruído pela tua santa presença em minha vida.

Uma vez que estou inteiramente entregue em tuas mãos, Pai amado, ilumina a minha mente, inunda meu coração com a tua paz e alegria. Que eu seja feliz e me torne um canal de felicidade para todos os que passarem por mim. Ponho tudo o que tenho e sou sob o sinal da cruz de Jesus. "Bendito seja o Senhor, que ouviu a voz de minha súplica; nele confiou meu coração e fui socorrido. O Senhor é a minha força e o meu escudo! Por isso o meu coração exulta e o louvo com meu cântico. O Senhor é a força do seu povo, uma fortaleza de salvação para o que lhe é consagrado. Salvai, Senhor, vosso povo e abençoai a vossa herança; sede seu pastor, levai-o nos braços eternamente" (Sl 27,6-9). Amém!

CHAVE DO NOSSO DIA E FERROLHO DA NOSSA NOITE

Não é fácil ter uma vida pura. Seja humilde diante de Deus, para que você não seja tentado além de suas forças. É duro o combate pela castidade, e mesmo aqueles que já progrediram muito em sua conquista precisam ter cuidado para não perdê-la novamente. Para isso, há uma dica: Que a oração seja a chave para abrir o seu dia e o ferrolho para guardá-lo à noite.

Bem cedinho é o melhor momento para estar a sós com Deus. Em francês, cedinho é traduzido como *bonne heure*, que literalmente seria "a hora boa". Deus nesta hora está nos esperando para o café da manhã. Ele já tem a mesa preparada com uma comida sagrada que nos dará força para vencer todos os obstáculos do dia.

O começo do dia é a hora boa, porque eu posso dar a Deus o melhor de mim, pois estou descansado e ainda não fui contagiado pelo ativismo, desencontros e frustrações. Durante o meu sono, uma página da minha vida foi virada, e agora tenho diante de mim uma outra novinha, toda em branco, que poderei entregar a Deus para que escreva nela a história daquele dia.

Não há pessoa tão sábia e feliz como aquela que logo pela manhã consagra a Deus seu dia e todo o seu ser. Não há vitória maior do que a do homem que começa seu dia combatendo de joelhos em oração. Protegida está a pessoa que, antes de receber os raios do sol, já recebeu os raios de Deus.

Podemos pedir ao Senhor esta graça: "Meu Senhor, eu quero, já bem cedo, te encontrar! Nem preguiça, nem desânimo, nem sonolência, nem torpor poderão me impedir de te encontrar na hora boa. Ao céu, sobe-se de joelhos, e é assim que eu estarei depois de despertar. Sei que o Senhor mesmo me despertará e virá ao meu encontro, que me abraçará no meio da oração; e todo o meu dia será bom porque o Senhor me dará força, iluminará a minha mente e alegrará meu coração. Tudo isso porque te encontrei na hora boa, bem cedinho".

Eu aprendi que, se, no começo do dia, não me prostrar diante de Deus, serei prostrado pela agitação e pelos aborrecimentos que são motivos de perturbação.

Eu aprendi que só Deus pode comunicar a força e a bondade que me capacita para amar, suportar e vencer. Aprendi que se der a Ele o melhor do meu dia, Ele fará o meu dia muito melhor.

Portanto, é preciso correr, logo pela manhã, e garantir nossa opção pelo Senhor, enchendo nossos pensamentos de suas santas inspirações, antes que venha o inimigo plantar o joio das preocupações e dos pensamentos sensuais. Que no começo do dia não desperte apenas o nosso corpo, mas também a nossa alma: "Desperta, tu que dormes! Levanta-te dentre os mortos e Cristo te iluminará! Vigiai, pois, com cuidado sobre a vossa conduta: que ela não seja conduta de insensatos, mas de sábios que aproveitam ciosamente o tempo, pois os dias são maus. Não sejais imprudentes, mas procurai compreender qual seja a vontade de Deus" (Ef 5,14-16).

O CAMINHO PARA SER FELIZ É APRENDER A ESCOLHER

Quando um homem escolhe uma esposa, imediatamente está deixando para trás todas as outras mulheres; quando se decide por uma profissão, abre mão de todas as outras, etc. Escolher, pois, significa também renunciar. E quando não se tem um discernimento apurado para avaliação, escolher se torna um sofrimento e uma fonte de desgosto.

Discernimento é conhecer profundamente a Deus e a si mesmo, porque Deus se encontra na alma como se encontra no céu. Por isso mesmo a própria alma é outro céu, no qual se pode entrar pela oração. É uma loucura querer entrar no céu sem antes termos entrado em nosso coração a fim de conhecer a nossa miséria, os bens que recebemos de Deus e de pedir muitas e muitas vezes misericórdia.

Devemos rezar para saber o que Deus quer de nós e lhe pedir sua ajuda para cumprir a sua vontade, porque, mesmo depois de discernir o que é o plano de Deus, é importante verificar o que está de acordo com esse plano. Agindo assim, agrada-se muito ao Senhor, que nos leva a um caminho sempre mais perfeito, a águas mais profundas e nos dá um alimento espiritual mais sólido, porque o alimento sólido é para os adultos, aqueles que a experiência já exercitou para distinguir o bem e o mal (Hb 5,14). Deus quer que os seus filhos se mostrem experientes para o bem, sem nenhum compromisso para o mal (cf. Rm 16,19). E, por isso, os adverte a examinar tudo e guardar o que é bom (1Ts 5,21), de maneira que possam sempre escolher o que é melhor.

O discernimento desperta o homem interior, dá-lhe visão espiritual. Uma luz que antes nem sabia existir ilumina as opções de sua vida. Ele passa a ser capaz não só de escolher entre o bem e o mal, mas, com clareza, de distinguir, entre coisas boas, a que é melhor. E isso é muito mais difícil.

A visão espiritual faz lançar um novo olhar sobre o mal e um novo entendimento sobre o sofrer. Porque, com Jesus, a própria dor consola, e a tristeza já não nos pode esmagar. Este novo olhar faz brotar a experiência de uma alegria nova, diferente, inexplicável por palavras, e enche o nosso coração de gosto por Deus.

O homem que foi visitado pelo Espírito tem a sua mente aberta para compreender as Sagradas Escrituras e as intervenções do Senhor em sua vida. Apenas com essa experiência é que a pessoa passa a ter coragem de assumir compromissos novos e difíceis a serviço de Deus e daqueles que o Senhor colocou a seu lado. Só pode dizer sim ao irmão quem consegue escolher dizer não a si mesmo, e isso é dom de Deus.

O Espírito Santo é o guia e o professor do homem de bem. Ele dirige a sua mente, confirma o afeto, o sentimento, a intuição que o atrai para onde Ele quer e orienta os seus passos para o alto. É Ele quem acompanha os filhos de Deus rumo às promessas do Pai e confirma seus passos no caminho da felicidade. É Ele quem leva a Deus. Os que por Ele se deixam conduzir não tropeçam, já não estão debaixo da lei, tal como Jesus são conduzidos passo a passo, recebem suas inspirações, são arrastados pelo coração a abraçar suas decisões.

O Espírito Santo tem um zelo e um carinho tão grande pelos que lhe são consagrados que os dirige não só nas grandes coisas da vida, mas também nas pequenas. Ele impede os que ama de tomarem decisões precipitadas, desastrosas ou em desacordo com os planos de Deus. É tão viva sua assistência que os que a experimentam sentem-se como que conduzidos pela mão.

O mundo tem seus "poderosos modelos" e costuma apresentar seus "sábios e líderes", mas o homem poderoso de fato é aquele que é movido pela fé e conduzido pelo Espírito; este, sim, não pode ser detido.

POR QUE DISCERNIR?

Seria fácil ouvir a voz de Deus se não tivéssemos sido manchados pelo pecado. Agora temos de buscar distinguir sua voz entre outras que também nos falam. Diz a Sagrada Escritura que, no coração do ímpio, sussurra o pecado e que Deus não tenta a ninguém, mas cada um é tentado pela sua própria concupiscência. Ela diz ainda: não deis lugar ao diabo. Além disso somos as melhores testemunhas de que o mundo nos fala, e a sua voz é alta! Veja que só aqui temos três vozes: o pecado, o diabo, o mundo. O discernimento nos permite, em meio a esse tumulto, escutar a voz do Pastor.

DOIS ERROS COMUNS DO HOMEM SEM DISCERNIMENTO

Há dois erros muito comuns quando não se utiliza o discernimento:

1) ver o diabo em todo o lugar;
2) não ver o diabo em lugar nenhum.

A nossa luta não é contra homens de carne e sangue, mas contra os espíritos malignos espalhados pelos ares. Não há melhor recurso que a oração para descobrir as manobras do demônio e obrigá-lo a dar-se a conhecer. São Pedro nos adverte que o Mal nos ronda como o leão a rugir à espera de quem devorar; e isso não é brincadeira.

A primeira coisa que aprendi quando era militar é que pior do que ter inimigo é não saber que o temos. Há pessoas que fecham os olhos à existência do demônio, como que, só pelo fato de ignorá-lo, ele fosse deixar de existir. O maligno não é uma idéia, fantasia ou personificação do mal coletivo; ele existe e temos de tomar cuidado com ele.

Mas o nosso consolo é que não estamos sozinhos para discernir, porque o Espírito Santo fala no coração de cada homem, por meio de sua consciência. Há muitas pessoas que não são cristãs, mas, por sua maneira de proceder, mostram que a vontade de Deus não está longe de seus corações, pela sua vida honesta e boa.

Quem vive de acordo com a sua consciência vive de maneira boa, mas quem se deixa orientar pelo Espírito vive de maneira excelente, porque Ele é superior à nossa conciência. Mas há aqui um detalhe importante: é mais feliz o homem que ouvindo a sua consciência obedece a ela do que aquele que é sensível às inspirações de Deus, mas não vive de acordo com elas.

Assim como o Espírito Santo fala ao coração do homem novo para libertá-lo e mantê-lo livre, o diabo fala ao coração do homem velho que há em nós para nos manter cativos ao pecado. O discernimento, porém, traz a luz, e as trevas não podem subsistir; Satanás perde e perderá sempre o poder na presença do Espírito Santo.

Porém, é um grande erro culparmos o demônio e o mundo pelos nossos pecados. Eles nada fariam sem a nossa adesão. Se pecamos é porque quisemos pecar. Mas, se não demos ouvidos à voz do Senhor para evitarmos o mal, temos ainda uma chance, podemos ouvi-lO dizer que o abandonemos.

O discernimento nos ajuda a descobrir o quanto permanecer no erro só porque nos sentimos culpados não nos torna melhores, e evidencia que essa inspiração não vem de Deus.

Certa vez, um jovem rico se aproximou de Jesus e perguntou-lhe o que fazer para ter a vida eterna, e Jesus lhe disse que observasse os mandamentos. Ele ficou muito feliz porque os cumpria a todos. Jesus disse-lhe, então: "Vai, vende tudo o que tens, dá aos pobres e segue-me" (Mt 19,21). E conta o evangelho que o jovem foi embora triste porque era apegado à vida que tinha. O Evangelho dá a entender que Jesus se encheu de dó e compaixão. O pobre do rapaz não teve o discernimento para perceber que não são as obras que salvam, mas sim aquele que o convidava para o seguir. Não basta fazer boas coisas, é preciso saber escolher o caminho a seguir.

Alguns são dotados com um discernimento natural que muito os ajuda: chama-se bom senso. Mas o bom senso não é tudo e não se pode compará-lo com um carisma, que é uma operação do Espírito Santo. O discernimento espiritual nos faz perceber mais que o senso comum das pessoas.

Quanto mais íntimos de Deus nos tornamos, mais aumenta o nosso discernimento; quanto mais esquadrinhamos as Escrituras e ouvimos o que o Espírito diz à Igreja, mais ficamos adestrados em discernir.

DOIS PONTOS IMPORTANTES

Para quem quer começar um caminho acertado com a vontade de Deus, é válido observar dois pontos. E, certamente, iremos nos privar de realizar muitas escolhas más, se nos mantivermos atentos a eles, que são:

1. Obedecer prontamente a Deus

Obedecer é querer o que Jesus quer e tudo fazer para realizá-lo. A obediência cristã não está tanto em cumprir com exatidão a tarefa determinada, quanto em abraçar a vontade de quem nos mandou e amá-la como se fosse a nossa própria vontade. Se apesar disso não conseguirmos cumprir o estabelecido, mesmo assim teremos obedecido.

Nesse sentido, vale a pena sermos senhores de nós mesmos, para entregar esse senhorio a Jesus. Se não nos dominarmos e refrearmos as nossas loucuras e paixões, como nos entregaremos ao Senhor?

Obedecer implica renúncia, requer abrir mão da própria vontade. Não se pode servir a dois senhores: ou seguimos nossos impulsos ou obedecemos a Deus.

Não existe obediência sem recompensa, porque Deus não se deixa vencer em generosidade. Quanto mais prontamente obedecermos, mais desfrutaremos dos dons do Senhor. Toda vez que Deus nos aponta um caminho ou nos dá uma ordem, está nos propondo uma aliança com Ele, e podemos ter certeza de que Ele não tardará em derramar sobre nós os seus benefícios.

Mas há uma graça especial à espera daquele que se submete prontamente, pois quem vai adiando seu compromisso com o Senhor deixa escapar o dom que Deus lhe tinha reservado e jamais conseguirá desfrutar de todo o bem que Ele lhe preparou.

Só se pode obedecer obedecendo e fazendo-o prontamente. Demorar é desobedecer, é deixar a graça passar. Às vezes, é mais fácil deixar as coisas de Deus para depois e atendermos primeiro ao marido, à esposa, ao chefe, etc. porque Deus não nos pressiona como eles o fazem, já que Deus é paciente, é gentil... Ah! se soubéssemos as conseqüências de nossa demora! Veríamos quantas vezes deixamos fugir a felicidade.

Não conseguimos entender, para já, todos os desígnios de Deus a nosso respeito, por isso é necessário confiar no Senhor. Só abre mão da própria vontade quem confia em Deus.

Obedecer não é fácil, mas é o caminho para a vida. Nas comunidades cristãs, a obediência é, muitas vezes, o caminho para a ressurreição. Muitos salvaram a própria vocação pela determinação em obedecer. Uma vez que Jesus tornou-se obediente até a morte, a obediência tornou-se capaz de comunicar a vida.

Se você for dócil e obediente, provará os melhores frutos da terra

No ano de 1996, eu ainda estava em missão no Rio de Janeiro, quando a Canção Nova me transferiu para São Paulo. Eu tinha lançado raízes no Rio, tinha muitos amigos e era bem querido lá. Aceitar a nova proposta e obedecer ao que me era pedido faziam-me sentir como que se o coração fosse rasgado ao meio.

E a tentação não dorme, porque em face de toda confusão de sentimentos de desapego, de desinstalação e de perdas, recebi duas propostas para permanecer no Rio de Janeiro, com moradia, estudos e despesas pagas, além da promessa de emprego. Mas não havia sido para isso que Deus me havia chamado, aliás isso não correspondia em nada à minha vocação.

A melhor coisa que fiz foi ter aceitado o discernimento da comunidade e obedecido. Se não tivesse feito isso, jamais teria conhecido, amado e casado com a Rose, uma mulher ímpar, que eu amo muito e com a qual sou imensamente feliz. Costumo dizer que foi Deus quem a escolheu para mim, porque eu não seria capaz de escolher tão bem!

Reconheço, sinceramente, que a mão de Deus me conduziu a este encontro e isso só foi possível porque eu fui dócil, porque obedeci. É como fala o profeta Isaías: "Se fordes dóceis e obedientes, provareis os melhores frutos da terra" (Is 1,19).

O homem de fé, aquele que o Espírito iluminou, não pergunta a Deus o "porquê" das coisas, ele pergunta o "para quê". Ele não se deixa acorrentar ao passado pelas mágoas, ele projeta-se para frente, para o futuro, buscando, com a graça de Deus, compreender os seus planos. Ele obedece sem questionar, porque confia.

ORAÇÃO

Sim, Senhor Jesus, eu confio em Ti. Sei que és o Filho de Deus e que nenhuma libertação é verdadeira fora de Ti. Sei que só Tu podes salvar, Senhor! Para salvar-me de minha desobediência a Deus, foste obediente, em meu lugar, até a morte e morte de cruz. Por isso, Jesus, reclamo os méritos de tua paixão, morte e ressurreição para cancelar todas as investidas de Satanás contra mim.

Jesus, eu sou Teu, eu me entrego a Ti; submeto-me e assumo o compromisso de Te obedecer sempre e em todas as coisas. Debaixo da proteção que essa obediência me confere, eu renuncio e ordeno que seja aniquilada toda força maligna das trevas que, de alguma forma, tenha vindo à minha vida e me atingido.

Renuncio de todo o coração a qualquer mal, a qualquer força diabólica que tenha sido lançada sobre mim, por minha rebeldia e desobediência a Deus, mediante algum ato de minha família ou por outra razão que eu desconheça.

Recuso-me a submeter-me às insinuações do mal, recuso-me a obedecer a Satanás e às inclinações pecaminosas da minha carne e, no poder do Nome de Jesus, o Filho de Deus, desligo-me e assumo a libertação contra toda força do mal que me assedia e atormenta.

Divino Espírito Santo, invade o meu ser, liberta-me e desliga-me profundamente de todo o mal, como só Tu podes fazer. Em nome de Jesus, consagra-me na obediência Àquele que me ama e cuida de mim.

Uma obediência encarnada

Há aqui uma coisa muito importante para se dizer: Deus quer ser obedecido, também, na pessoa de sua Igreja. É verdade que o Espírito Santo quer nos falar pessoalmente, mas também o quer fazer por meio dela. É por isso que o Apocalipse brada: "Quem tem ouvidos, ouça o que o Espírito diz às Igrejas (Ap 2,7).

O homem novo, que nasce da água e do Espírito, é como uma criancinha. Precisa de uma mãe que lhe ofereça o leite que sustenta e faz crescer. Essa mãe é a Igreja e os seus dois seios são o Antigo e o Novo Testamento.

Pois quando o homem reduz tudo a simples escuta pessoal e particular do Espírito, abre-se caminho para um processo incontrolável de discórdias, separações e surdez espiritual, porque cada um passa a acreditar que o que escutou ou entendeu é que é a verdade, e o Espírito Santo não têm duas palavras contraditórias a respeito da mesma coisa.

Nosso discernimento e nossa vida são confirmados pelo Espírito Santo por meio da Igreja. Quando alguém se afasta dela, afasta-se, ao mesmo tempo, do Espírito de Deus, porque Ele é a alma da Igreja. Sem o Espírito Santo a pessoa afasta-se da verdade, caindo em todo tipo de erros, deixando-se envolver por eles. Este é o tipo de gente que toda hora muda de opinião a respeito das mesmas coisas, sem nunca ter um pensamento firme.

Mas ao homem cheio do Espírito Santo Deus comunica uma sensibilidade, uma perspicácia para as coisas da fé, uma capacidade de julgamento... e sua comunhão com a Igreja é fundamental para mantê-lo nesta unção. É muito importante encontrar uma harmonia entre aquilo que o Espírito lhe diz individualmente e a escuta daquilo que Ele lhe diz através da Igreja.

E, se tivermos uma opinião diferente da nossa, é preciso lembrar que é próprio do Espírito Santo comunicar a paz e estabelecer o acordo, dando a pessoas diferentes um só coração e uma só alma. Assim como um acorde é feito de notas diferentes, um acordo só pode acontecer entre pessoas com diferentes concepções.

Vai aqui uma dica para o marido e a mulher que estão encontrando dificuldades no casamento: é preciso ter confiança na capacidade que o Espírito Santo tem de operar, no fim de tudo, a concordância e a reconciliação, mesmo que, às vezes, possa parecer que toda a situação nos fuja ao controle.

Libertação de uma família

Deus tem caminhos inusitados para realizar a sua obra, por isso transcrevo aqui um testemunho que recebi sobre a transformação que o Espírito Santo realizou na vida de uma família a partir do primeiro livro que escrevi, *Quando só Deus é a resposta*:

"Olá, Márcio! Eu precisava contar o que seu livro está fazendo na vida da minha irmã. Infelizmente ela é casada com um alcoólatra. Para a família, ele fingia que havia parado, mas, na verdade, ainda bebia muito e, por vergonha, minha irmã não contava para ninguém. Estava sofrendo sozinha, perdendo as forças e a vontade de viver. Percebíamos que ela estava assim, mas não podíamos fazer nada; ela não se abria. Tentei levá-la ao grupo de oração, à Canção Nova, mas nada fazia ela tomar uma atitude. Ela simplesmente não conseguia rezar. Bom, por conta própria, ela comprou seu livro e começou a ler, e principalmente, a pôr em prática. Não deu outra! De uma maneira inesperada peguei meu cunhado no flagra, bêbado. Foi providencial mesmo. Fui conversar com ela e ela finalmente se abriu e pediu ajuda. Hoje os dois estão indo à missa, estão rezando o terço todos os dias, e meu cunhado não bebeu mais. A cada dia ela me conta uma passagem do seu livro e percebo como está sendo importante para ela, como a libertação aconteceu não só com meu cunhado, mas principalmente com ela".

Hoje, além de essa família estar reconciliada, aquele homem que, no passado, foi escravo do álcool agora coordena um grupo dos alcoólatras anônimos, ajudando outros a se libertarem e reconstruírem seus lares.

A principal diferença entre o homem mundano e o homem espiritual, quanto a tomar uma decisão, é que, mediante o carisma do discernimento, o Espírito Santo ajuda a avaliar as situações e determinar o caminho a seguir não só apoiado em critérios de sabedoria e de prudência humanas, mas também à luz dos princípios sobrenaturais da fé. Por esse caminho, todo mal pode ser evitado.

Se isso é importante em toda circunstância, o é ainda mais quando precisamos escolher, entre duas coisas boas, apenas uma delas; trata-se de ver qual a coisa que Deus quer em uma circunstância bem determinada.

2. Imitar Jesus

Aquele que me segue não andará nas trevas mas terá a luz da vida, diz o Senhor. É por isso que a medida do discernimento de uma pessoa é dada pelo bem que ela pratica, pelo seu esforço em seguir Jesus e nada mais.

Jesus não fez conta de si mesmo para que nele se cumprisse a vontade do Pai; ele discerniu qual era a vontade de Deus a seu respeito e por ela caminhou confiante, sem olhar para trás, deixando de sobreaviso todos os que o quisessem seguir, para que, depois de colocar a mão no arado, não se voltassem para a antiga vida.

O caminho de Jesus é o da cruz. Se notamos que a nossa vida está comodamente resguardada e que nem o sofrimento, nem as humilhações nos rondam, devemos ficar desconfiados, porque aqueles que o quiserem seguir precisam abraçar a cruz. Pobre do homem que não tem a humildade de aceitá-la! Se você quiser saber onde o discernimento não se encontra, procure-o entre os orgulhosos.

Jesus se deixou guiar pelo Espírito Santo; isso fica em especial evidência quando, no deserto, ele enfrenta o demônio. Diz a Escritura que foi o Espírito Santo quem para lá o conduziu. Se nos deixarmos também conduzir pelo mesmo Espírito, a vitória será certa. Se Jesus Cristo é o caminho que leva ao Pai, o Espírito Santo é o condutor, aquele que nos dirige no caminho.

Nosso Senhor conhecia a Sagrada Escritura e foi, por meio dela, que derrotou Satanás. Deus quer que estejamos adestrados como seu filho no manuseio da Palavra. Ela é poderosa para perscrutar os corações, ela é como o fogo que purifica; em sua presença, as águas se dividem, e o bem e o mal não se confundem.

O Espírito Santo não derrama, habitualmente, na alma, a sua luz de modo miraculoso e extraordinário, mas de modo muito simples por meio da Sagrada Escritura. E, ainda que Deus, por muitos meios, principalmente pela sua Palavra, nos mostre o caminho a seguir e nos ajude a conhecer toda a tendência que o homem velho (dentro de nós) tem para o mal, somente pelo Espírito Santo podemos combatê-la e vencê-la.

A Palavra de Deus ilumina a nossa alma e revela o que Deus quer, mostra em que direção sopram os ventos do Espírito Santo — direção que nem sempre conseguimos reconhecer por causa do nosso pecado. Devemos nos agarrar com todas as forças à Palavra de Deus, pois, quando vierem as tempestades dos maus dias, não vacilaremos, já que estaremos ligados a ela. Quando estivermos atordoados, confusos ou mesmo feridos demais para lermos em nosso interior o que Deus quer, a sua Palavra nos arrastará a amar, nos ensinará a imitar a Deus e nos aproximará dEle, porque Deus colocou, na Sagrada Escritura, aquilo que os homens não conseguem ler em seus próprios corações.

Buscar em Deus a sabedoria da vida é nadar contra a correnteza, é confrontar-se com a loucura deste mundo. Mas quem pára de nadar é arrastado de novo por ela. Precisamos fazê-lo todos os dias. "Não pense que basta a renovação da vida, efetuada de uma vez para sempre no princípio; continuamente, todos os dias, é preciso renovar a mesma novidade" (Orígines).

Às vezes, quando abrimos a Bíblia ao acaso, sai-nos uma passagem que é verdadeira resposta de Deus para nossa vida. Lembro-me da Niura contando que, quando pediu a Deus uma palavra, na Sagrada Escritura, que confirmasse se ela devia ou não deixar a sua casa e vir à Canção Nova para se consagrar a Ele, teve uma surpresa. Ao abrir a Bíblia, saiu-lhe o seguinte trecho da Palavra de Deus:

"Ouve, filha, vê e presta atenção: esquece o teu povo e a casa do teu pai. De tua beleza se encantará o rei; ele é teu senhor, rende-lhe homenagens" (Sl 44,11-12).

Há passagens em que se fala claramente que Jesus discernia as intenções do coração daqueles que dele se aproximavam. Jesus é o homem do discernimento, e, nas suas pegadas, vamos aprendendo como crescer nele. Costumamos rezar: Jesus manso e humilde de coração, fazei o nosso coração semelhante ao vosso. Com certeza, esse poder de penetração nos mistérios advinha de sua humildade e mansidão, pois Deus só se revela aos humildes. Mansos são aqueles que se deixam tocar; um coração que se abre para receber o toque de Deus é muito mais sensível às realidades do espírito.

O bispo Diádoco de Foticéia (sec. V) já havia percebido isso e dizia: "A luz da verdadeira ciência está em discernir sem errar o bem e o mal. Feito isso, a via da justiça que leva a mente a Deus, sol da justiça, introduz então a inteligência naquele infinito fulgor do conhecimento, que lhe faz procurar, daí em diante, a caridade. Os que combatem precisam manter sempre o espírito fora das agitações perturbadoras para discernir os pensamentos que surgem: guardar os bons, vindos de Deus, no tesouro da memória; expulsar os maus e demoníacos dos antros da natureza. O mar, quando tranqüilo, deixa os pescadores verem até o fundo, de sorte que quase nenhum peixe lhes escape; mas, agitado pelos ventos, ele esconde na turva tempestade aquilo que se via tão facilmente no tempo sereno. Assim, toda a perícia dos pescadores se vê frustrada. Somente o Espírito Santo tem o poder de purificar a mente. Se o forte não entrar para expulsar o ladrão, o prisioneiro nunca será libertado. É preciso, portanto, alegrar em tudo o Espírito Santo pela paz da alma, mantendo em nós sempre acesa a lâmpada da ciência. Quando ela não cessa de brilhar no íntimo da mente, conhecem-se os ataques cruéis e tenebrosos dos demônios, o que mais ainda os enfraquece sendo eles manifestados por aquela santa e gloriosa luz".

Deus precisa de você

A Igreja necessita de pessoas abertas à atuação do Espírito Santo, capacitadas por Deus para dar o testemunho que vence a descrença em que o mundo se afundou, homens e mulheres decididos a levar até as últimas conseqüências o seu sim a Deus, gente infatigável, experimentada na verdade. E nenhum homem é verdadeiro se Deus não fala nele. E quando Deus fala no homem? Quando o homem está pleno do Espírito.

Deus precisa de pessoas que estejam dispostas a colaborar conscientemente em seu plano, que tenham visão... que vejam um pouco mais que o comum dos homens. De Moisés diz-se que era como se visse o invisível.

Uma pessoa sem discernimento padece de cegueira espiritual, e não só deixa de contribuir na construção do Reino de Deus, como também acaba atrapalhando, vive a correr sérios riscos e põe em risco a outros tantos.

OS TRÊS PASSOS DO ACERTO

Os três passos para acertar na vida são:

1) saber o que Deus quer;
2) buscar no Espírito Santo a força prometida (At 1,8) para cumprir até o fim a vontade de Deus;
3) a sabedoria no agir.

Adquire-se a sabedoria por meio do amor, do silêncio e da mortificação. Grande sabedoria prática é saber calar e não se meter em conversas e coisas que não nos dizem respeito. Ocupemo-nos do que é responsabilidade nossa e já teremos trabalho o suficiente.

Há pessoas que sabem o que fazer, que têm a visão exata do que é correto. Inspiradas para aquele momento, podem apontar as pessoas que estão no caminho certo, bem como as que estão no erro e em que estão errando. Isso é uma grande graça e um dom, desde que não pare aí. São Paulo mesmo dizia: faço o mal que não quero e o bem que quero não faço. Por vezes, ele tinha a clareza do que Deus queria, mas se percebia impotente perante a própria fraqueza. Saber só por saber é um laço, pois quem sabe fazer o bem e não o faz peca.

É importante ter a força para cumprir o que Deus nos revela, mas não é fácil e, em algumas situações, é humanamente impossível. Exige um esforço mais que heróico. Só com a graça de Deus é que se torna possível de fato. Não é à toa que Jesus prometeu que o Espírito nos daria a força, uma força capaz de vencer o pecado em nós. Quanto mais o tempo passa, mais tenho percebido que sou incapaz de vencer o pecado, que diante dele sou impotente. Minhas vitórias e progressos, bem como a minha perseverança não obstante as derrotas, devo-as a Ele, ao Espírito que dá a força. As coisas de Deus não são complicadas, mas são radicais. É a dita porta estreita, mas o homem cheio do Espírito Santo pode por ela passar.

Há ainda pessoas que sabem o que Deus quer e têm o dinamismo e a coragem para tomar a peito a sua realização, mas põem tudo a perder porque não têm discernimento. Dizem ou fazem a coisa certa, mas na hora errada ou de maneira errada. Um exemplo acontece quando se trata de corrigir alguém; às vezes, sabe-se o que dizer e toma-se coragem para o fazer, mas, ao fazê-lo sem caridade, estraga-se tudo, porque faltou sabedoria. Há pais que querem educar seus filhos, sabem o que lhes dizer e fazem-no, mas, porque escolheram a hora errada, não são escutados e até geram conflitos.

COMO DESCOBRIR SE UMA COISA VEM DE DEUS OU NÃO?

Como reconhecer, em nossa vida e no mundo, as verdadeiras moções do Espírito Santo, distinguindo-as das falsas ou das de outros espíritos? Como saber se algo vem de Deus ou não?

O discernimento é o casamento de um julgamento exato com um propósito honesto. A Palavra de Deus nos apresenta alguns critérios bem objetivos: o discernimento consiste em examinar, primeiro, se os espíritos (inspirações) vêm de Deus (cf. 1Jo 4,1); se confessa Jesus Cristo como Senhor (cf. 1Cor 12,3) e se manifesta sua fé na encarnação (1Jo 4,2).

Pude constatar isso pessoalmente, quando estávamos pregando um retiro no interior do Rio de Janeiro e, logo pela manhã, uma jovem veio até mim, dizendo:

— Ontem, senti-me muito mal, como se fosse cair... enquanto fazíamos a oração de renúncia ao mal e proclamávamos o senhorio de Jesus. Não consegui fazer toda a oração, minha boca travava. Quando entrei em minha casa, minha mãe ficou dominada por uma 'coisa' que dizia que eu estava proibida de voltar ao retiro e que a mataria se eu insistisse. Era como se ela tivesse dupla identidade, como se outra pessoa estivesse usando seu corpo.

Continuou:

— Outra coisa interessante é que nunca consegui rezar o terço. Quero muito, mas não consigo!

Perguntei-lhe:

— O que acontece quando você começa a rezá-lo?

— Caio desmaiada e fico inconsciente, pelo menos é o que as pessoas me dizem quando acordo.

Convidei-a, juntamente, com algumas pessoas de oração para irmos até a capela, e, quando chegamos lá, disse-lhe:

— Tenho uma excelente notícia para lhe dar. Hoje, pela primeira vez, você vai rezar o terço, e nós o rezaremos com você, se quiser.

Quando fizemos o sinal-da-cruz, a jovem também o fez, mas ficou estranha. Rezamos juntos o creio, o pai-nosso e as três ave-marias iniciais. Porém, quando chegou na jaculatória "Ó meu Jesus, perdoai-nos e livrai-nos do fogo do inferno, levai as almas todas para o céu e socorrei principalmente aquelas que mais precisarem", ela começou a se contorcer. Pedíamos a ela que aceitasse e proclamasse que Jesus é o Senhor de sua vida; ela tentava, mas sentia como que alguém a apertar-lhe a garganta, e não conseguia. Foi quando me veio uma inspiração. Falei-lhe:

— Minha irmã, Deus está aqui conosco, para acolher nossa oração, por issso vamos rezar contemplando os mistérios da encarnação do Filho de Deus.

Ao escutar tal proclamação, ela deu um grito, começou a chorar aliviada e fomos testemunhas de uma libertação maravilhosa. Aos poucos foi se acalmando e nos contou:

— Quando vocês colocaram a cruz diante de mim, tive muito medo porque senti que havia uma presença maligna terrível que me acompanhava, mas, quando foi proclamada a palavra "mistérios da encarnação do Filho de Deus", aquela presença maligna se foi e eu conseguia ver como que por uma fenda no crucifixo, parecia uma cena de televisão. Eu vi Jesus no alto da cruz, mas logo abaixo, junto da cruz havia uma mulher que chorava. Eu vi que ela chorava por mim e, para cada lágrima que caía de seus olhos, uma coisa ruim saía de meu coração, até que, por fim, senti-me completamente em paz.

Não tivemos dúvida, estendemos nossas mãos sobre ela e rezamos, pedindo a Deus que preenchesse todas as lacunas de sua vida e a fizesse cheia do seu Espírito Santo.

No final do encontro, ela me procurou novamente para dizer:

— Nunca me senti tão feliz como hoje! O que posso fazer para ser como vocês e entregar a minha vida inteira nas mãos de Deus?

Há alguns casos em que somente a unção do Espírito Santo tornará possível discernir o que fazer. É por isso que rezamos pedindo que o Espírito a reinflame em nós. Abrir-se para receber o Espírito Santo é receber a própria vontade de Deus, e, a partir de então, a nossa vontade vai se tornando mais dócil ao governo do Senhor.

Veja como o discernimento ajudou em todo o processo! Tive certeza de que aquela situação trazia uma opressão real, quando ela me contou que se sentiu mal na oração, que não conseguia sequer dizer a frase, Jesus é o meu Senhor, e que sua mãe, apenas ao vê-la, ficou transtornada e queria impedi-la de rezar. Não só isso, mas tive certeza de que Deus queria libertá-la imediatamente.

Outro ponto importante foi a reação à confissão da verdade de que Jesus se encarnou.

O discernimento não é habilidade, nem jeito especial para fazer algo, mas um carisma. É obra exclusiva do Espírito Santo purificar a inteligência e dar agudeza espiritual.

Você já pensou em colocar todos os meios ao seu alcance, sobretudo mantendo a alma em paz, para deixar repousar sobre seu coração o Espírito Santo e ter ao seu alcance, sempre acesa, a luz do discernimento?

Se ela sempre brilha nos recantos do coração, não só os malignos e tenebrosos ataques do demônio se tornam manifestos à nossa inteligência, mas perdem todo o poder de causar danos à nossa alma, desmascarados como ficam, pela Santa Luz de Deus. Por isso, Paulo diz: "Não apagueis o Espírito" (1Ts 5,19). Mas há aquele discernimento mais difícil que é descobrir entre duas coisas boas qual é a melhor.

COMO DESCOBRIR ENTRE DUAS COISAS BOAS A QUE É MELHOR

Santo Inácio de Loyola dá algumas dicas sobre o discernimento. Uma delas é esta: "Quando você está diante de duas opções possíveis, é bom deter-se primeiro sobre uma, como se fosse absolutamente necessário segui-la e permanecer nesse estado um dia ou dois; a seguir, avaliar as reações do coração diante desta opção: se ela se harmoniza com o resto das próprias opções, se algo dentro de você o encoraja nessa direção ou se, pelo contrário, traz um véu de inquietação... Repetir o mesmo processo com a segunda hipótese. E tudo em clima de oração, de abandono à vontade de Deus e abertura ao Espírito Santo".

Como diz a Sagrada Escritura, trata-se de apresentar as questões importantes a Deus e esperar, na oração, a resposta do Senhor (cf. Ex 18,19). E sobretudo proporcionar a condição mais favorável a um bom discernimento, que é estar disposto a fazer a vontade de Deus, qualquer que seja ela.

Daí entendemos porque Jesus dizia: "O meu julgamento (discernimento) é justo, porque procuro fazer não a minha vontade, mas a vontade daquele que me enviou" (Jo 5,30).

A minha escolha

Certa vez precisei fazer uma escolha difícil e delicada.

Eu era militar da Aeronáutica e fazia carreira para oficial aviador havia mais de três anos, recebia uma série de cuidados e remuneração que boa parte da população ainda não tem acesso. Em pouco tempo eu seria uma pessoa com uma profissão adimirável e cobiçada por muitos, com um bom salário, estabilidade, projeção social e poderia colocar os meus talentos e conhecimentos a serviço da minha pátria e do meu próximo. Minha família se orgulhava do meio em que eu estava. Tinha, ali dentro, amigos. Tinha conquistado minha independência social e finaceira.

Mas eu sentia, dentro de mim, um profundo desejo de ser missionário e tudo o que eu mais queria era dedicar toda a minha vida para que as pessoas pudessem experimentar o mesmo que eu: o grande amor que Deus tem por nós e que não nos abandona em hipótese alguma. Lembro ainda de uma oração que fiz na capela da Aeronáutica: "Senhor, eu preciso tomar logo uma decisão. Coloca em minha vida uma comunidade na qual eu possa me dedicar, uma comunidade com a espiritualidade da Renovação Carismática Católica, onde homens e mulheres trabalhem juntos pela evangelização, onde eu possa anunciar o tesouro que me foi revelado e onde eu possa escolher entre ser padre ou casar. Estarei esperando por tua resposta até o final deste ano".

No último dia do prazo, eu estava na missa e pensava comigo mesmo: "Bom! Uma vez que não conheci comunidade alguma, talvez seja melhor esquecer essa coisa de ser missonário e dedicar-me inteiramente a ser um bom profissional da aviação".

Quando a missa terminou, uma amiga se aproximou e me apresentou uma pessoa dizendo: "Esta é fulana, que está entrando para a Comunidade Canção Nova. Trata-se de um grupo de pessoas, homens e mulheres, que se dedicam à evangelização. Pensei que você iria gostar de conhecê-la pois eles nasceram da Renovação Carismática Católica".

Naquela hora, foi como se um sino tocasse dentro de mim. Uma pontada de certeza iluminou meu coração e eu fiquei perturbadamente feliz. E agora? Trocar ou não a estabilidade e o sucesso de minha carreira pela vida numa comunidade pobre, sem segurança finaceira e futuro incerto?

A minha garganta secou, os meus sentimentos apaixonados desapareceram e eu me sentia oco e surdo espiritualmente no dia em que fui realizar meu desligamento da Aeronáutica. Eu sabia que era um caminho sem volta e, justamente naquela hora em que eu mais precisava, pareceu que Deus me havia deixado sozinho para decidir.

Então, eu parei por seis dias para rezar, pensei muito e imaginei o meu futuro dentro da Aeronáutica, cheio de realizações e segurança; mas, por mais que eu me centrasse nas vantagens, não conseguia me sentir completo e realizado.

Comecei a pensar na Comunidade Missionária e em todos os desafios, dificuldades, inseguranças materiais e sociais a que estaria sujeito e por mais que pensasse nas dificuldades, ainda assim sentia-me inteiramente feliz. Recordei a fidelidade de Deus que me respondeu, por carinho, dentro do tempo que pedi. Todos os sinais e confirmações que me vinham na oração, nas passagens da Bíblia que eu lia, e por pessoas que sem saber do meu discernimento me vinham dizer coisas que se encaixavam com ele.

Estes anos todos que se passaram me mostram que a minha escolha foi a melhor, que o Espírito Santo me preparou e colocou à minha disposição os elementos necessários para um bom discernimento, respeitou a minha liberdade de escolha e confirmou a minha decisão. Sou suspeito para falar da vida consagrada na Canção Nova, pois não consigo me ver, nem me imaginar fora dela; acho, simplesmente que é a melhor vocação do mundo e sou imensamente feliz, em virtude de uma escolha bem-feita em conformidade com os planos de Deus em minha vida.

CONDUZIDOS COMO DEVEMOS E NÃO COMO QUEREMOS

São Paulo faz uma severa exortação aos Gálatas por terem deixado obscurecer a própria inteligência não conseguindo distinguir entre o bem e o mal (cf. Gl 3,3). Eles começavam pelo Espírito e terminavam pela carne. Mas essa exortação não foi tão severa quanto a repreensão que Jesus fez a Pedro.

No Monte Tabor, quando Jesus se transfigurou, Pedro queria armar lá três tendas e por ali ficar, sendo óbvio que era necessário descer ao povo. No dia da Santa Ceia, não queria deixar que Jesus lhe lavasse os pés e, logo em seguida, já queria tomar banho por inteiro. No Getsêmani, cortou a orelha de um homem e, ao tentar demover Jesus de seus propósitos, escutou as mais duras palavras do Senhor: "Afasta-te, Satanás, porque és para mim um estorvo. Os seus pensamentos não são os de Deus" (Mt 16,23). Pedro era um homem com discernimento fraco, e com isso estorvava o plano de Deus, mas, quando o Espírito o abrasou, fez dele um homem capaz de discernir os rumos da Igreja.

Um homem sem discernimento estorva a obra de Deus e os seus caminhos não são do agrado do Senhor. "Se o Senhor não edificar a casa, em vão trabalham os construtores. Se o Senhor não guardar a cidade, debalde vigiam as sentinelas. Inútil levantar-vos antes da aurora e retrasar até alta noite vosso descanso para comer o pão de um duro trabalho, pois Deus o dá aos seus amados até durante o sono" (Sl 126). Um homem de Deus precisa conhecer a sua vontade, senão não constrói a Igreja mas trabalha para si. O discernimento Deus dá aos seus amados para a implantação do seu Reinado. Podemos colaborar na aquisição do discernimento pelo aumento da intimidade com o Senhor e o aprofundamento no estudo da Palavra.

O Espírito Santo jamais deixa de guiar os que a Ele se entregam. Tudo teremos de Deus se renovarmos a intenção de confiarmos todas as nossas decisões à direção que o Espírito Santo deposita em nosso coração.

Não devemos tomar nenhuma iniciativa sem que o Espírito Santo nos motive e sem consultá-lo antes de cada ação. O pior a se fazer é querer ser mestre de si mesmo e cavar o próprio caminho, pois não sabemos o suficiente sobre a nossa própria natureza e, conseqüentemente, não levará muito tempo para cedermos aos nossos caprichos e sermos dominados pelas próprias concupiscências. Nessa hora, a alma perde o rítimo e não progride, vai se tornando triste e preguiçosa; sem têmpera, rebelde, cheia de obstinação, cansada e tomada de desânimo, desejosa de desistir ante a menor dificuldade.

O melhor a fazer é entregar o domínio ao Espírito Santo, deixar-se educar e conduzir por Ele; imediatamente, percebe-se a diferença; a alma torna-se viva, ágil, avança largamente nas coisas de Deus; o Espírito Santo a enche de fé, inflama-a e a torna infatigável. Isso acontece porque Ele nos conduz como devemos ser conduzidos, e não como gostaríamos de ser conduzidos.

O Espírito Santo vem ao homem de fé por meio dos Sacramentos, da Palavra de Deus e por muitos outros meios, na medida em que é acolhido e amado. Essas são as condições necessárias para transformar a alma de quem quer ser uma pessoa nova.

Agora, aqueles que, realmente, quiserem ser conduzidos, orientados, inspirados pelo Espírito Santo precisam se prevenir contra uma tentação: a de querer dar conselhos a Deus, em vez de recebê-los, de querer ensinar a Deus o "quê" e o "como" fazer as coisas que se relacionam a si.

Deus fez uma revelação a Santa Maria Madalena de Pazzi: "Certas pessoas querem o meu Espírito, mas querem-no como lhes agrada, tornam-se assim incapazes de recebê-lo".

Mas, superada essa tentação, ouvir o que o Espírito Santo quer nos dizer torna-se mais fácil do que se pensa, porque a sua voz se faz ouvir dentro de nós, ensina-nos tudo, instrui-nos sobre todas as coisas. Basta, às vezes, um simples olhar interior, um movimento do coração, uma prece.

Espírito Santo — esse nome desperta em nós, ao mesmo tempo, o amor, a ternura na oração e a esperança de alcançar o que vamos pedir.

ORAÇÃO

Jesus, o Senhor é a minha ajuda na oração, é aquele que pela tua intercessão tem me defendido sempre. Toma, Senhor, em tuas mãos os meus pedidos imperfeitos, corrige as suas falhas, conserta os seus defeitos, e pelos méritos que o Senhor adquiriu com seus sofrimentos, pede ao Pai do céu que os aceite e atenda.

Meu Pai querido, em nome de Jesus, não ficarei mais abatido pelo desânimo, mas levantarei os meus olhos para o alto, pois o meu Senhor Jesus já pediu por mim. Não será agora, quando a vitória está a caminho, que eu irei desistir do combate. Não decepcionarei, nem entristecerei aquele que levantou as suas mãos chagadas em meu favor.

Divino Espírito Santo, basta um pouco de fé e o Senhor me fará escutar a resposta de Deus à minha oração, e hoje, o que eu peço, não é que Deus me dê coisas mas que Ele me encha de seu amor. Nenhuma oração é boa se não estiver marcada pela sua presença. Perdoa-me pelas vezes que me esqueci de Ti. Perdoa-me pelas vezes que fui negligente.

Eu Te convido, Divino Espírito, a entrar em meu coração e tomar posse de todo o meu ser. Vem e ilumina a minha mente para que eu veja a necessidade que tenho de Ti, amacia meu coração para senti-la, desperta os meus desejos na direção dos Teus auxílios e reforços, dá-me uma visão clara do poder, da sabedoria e da graça de Deus para me socorrer, e fortalece a minha confiança nas coisas que Deus está me mostrando, uma confiança que anula toda indecisão e medo.

Vem, Senhor, e põe em minha mente os teus pensamentos, põe em meu coração os teus sentimentos, põe nos meus lábios as tuas palavras e freia a minha boca para não dizer nenhuma coisa má; que eu diga com sabedoria, tudo o que precisa ser dito. Infunde em mim um grande desejo de, em tudo, fazer a vontade de Deus, ensina-me a fazer as coisas como Deus quer.

Vem morar em mim, Espírito Santo, e domina as minhas paixões, emoções e sentimentos, ilumina a minha inteligência, fortalece a minha vontade, reaviva a minha memória e purifica a minha fantasia, para que a minha entrega ao Senhor seja plena. Eu Te desejo com toda a minha alma e com todas as minhas forças. Vem, Espírito Santo!

Que a força de tua presença expulse toda a maldade que insiste em viver dentro de mim, que a tua luz dissipe toda escuridão em minha alma. Vem, Senhor, em nome de Jesus e santifica-me, fortalece-me, anima-me, faze-me experimentar a tua força e o seu poder para que eu possa levar o Senhor aos que estão em minha casa e aos mais necessitados.

Eu permito, Espírito Santo, que seja derrubado qualquer obstáculo e que seja destruído tudo o que ainda impede a abertura total do meu coração a Deus. Nenhuma falta de perdão, nenhum ódio, nenhum orgulho, nem dúvida, nem egoísmo, nada poderá me separar do Senhor, pois abro mão de tudo isso para ficarmos a sós e me deixar guiar por Deus.

Que toda apatia, desânimo, torpor, preguiça, morosidade, fraqueza, indisciplina, inconstância ceda lugar, agora, a Jesus, o Filho de Deus, e ao seu Espírito Santo. Quero ser revestido da força de Deus, quero ser preenchido com o poder do alto. Manifesta, Senhor os seus carismas e capacita-me pela sua a unção a ser um canal de libertação, cura e salvação onde quer que eu esteja.

Espírito Santo, alarga o meu coração e me faz tão cheio do Senhor! Que eu transborde! Enche-me, inunda-me, banha-me, lava-me, purifica-me, derrama sobre mim a sua unção, santifica-me e transforma toda...toda...toda a minha vida! Por onde eu passar, quero que Deus, por ali, passe comigo.

Quero ser sempre um templo onde o Senhor habita.

Muito obrigado, meu Deus, porque cuida de mim e nunca me esquece! Obrigado porque, mesmo não sendo digno, deste-me o maior tesouro que há no céu: o teu Espírito. Obrigado por fazer de mim uma pessoa nova, uma criatura nova e por me ter dado um coração novo!

Obrigado por toda paz e alegria que fazes brotar agora dentro de mim! Ao Senhor, toda glória e todo o louvor! Amém.

EXERCÍCIO ESPIRITUAL

O Espírito Santo sopra onde quer, como e quando quer, mas podemos preparar o nosso coração com humildade para recebê-lo. Recolha-se em oração:

1. Espere em Deus e tenha fé de que Ele quer fazer você cheio do Espírito Santo.
2. Peça o Espírito Santo! Cheio de confiança, peça a Jesus que interceda e o envie sobre você.
3. Dê liberdade ao Espírito Santo para que o conduza a uma experiência nova e única. Abra o coração. Não planeje; deixe acontecer!
4. Permita que o Espírito Santo desperte em você a paz e a alegria. Ele pode ensinar-lhe a rezar de uma maneira nova. Se você quiser, peça a Ele o dom de orar em línguas (explicação no livro *Quando só Deus é a resposta*).
5. Faça a oração da página 162 e gaste o tempo que for necessário louvando o Senhor. Será uma experiência maravilhosa, muitos a chamam de "o beijo de Deus".
6. Com um coração cheio de gratidão e alegria, pense no seguinte:
   - Você é uma pessoa de bom senso? Usa-o?
   - O que é melhor, ter bom senso ou ter discernimento espiritual?
   - Você é obediente ao que Deus lhe mostra?
   - No que você tem se esforçado para imitar Jesus? Exemplifique.
7. Agradeça a Deus pelo dom da Vida Nova que Ele está lhe conferindo.

OITO

SEGUINDO-A NÃO TE DESVIARÁS

Quero fazer minhas as palavras de São Bernardo:

"Maria é essa Estrela esplêndida que se eleva sobre a imensidão do mar, brilhando pelos próprios méritos, iluminando por seus exemplos. Ó tu, que te sentes longe da terra firme, levado pelas ondas deste mundo, no meio dos temporais e das tempestades, não desvies o olhar da luz desse Astro, se não quiseres perecer. Se o vento das tentações se elevar, se o recife das provações se erguer na tua estrada, olha para a Estrela, chama por Maria. Se fores sacudido pelas vagas do orgulho, da ambição, da maledicência, do ciúme, olha para a Estrela, chama por Maria. Nos perigos, nas angústias, nas dúvidas, pensa em Maria, invoca Maria. Que seu nome nunca se afaste de teus lábios, que não se afaste de teu coração; e, para obter o auxílio da tua oração, não te descuides do seu exemplo de vida. Seguindo-a, terás a certeza de não te desviares; suplicando-lhe, de não desesperar; consultando-a, de não te enganares. Se ela te segurar, não cairás; se proteger, nada terás de temer; se te conduzir, não sentirás cansaço; se te for favorável, atingirás o objetivo."

Lembrai-vos

"Lembrai-vos, ó piedosíssima Virgem Maria, que nunca se ouviu dizer que algum daqueles que recorrem a vossa proteção, imploram vossa assistência, reclamam vosso socorro fosse por vós desamparado. Animado eu, pois, com igual confiança, a vós, Virgem entre todas singular, como a Mãe recorro; de vós me valho e, gemendo sob o peso dos meus pecados, me prostro aos vossos pés. Não desprezeis as minhas súplicas, ó Mãe do Filho de Deus humanado, mas dignai-vos de as ouvir propícia e de me alcançar o que vos rogo. Amém."

LEIA TAMBÉM

Pela oração se obtém todos os bens, e a libertação de todos os males. Há momentos em nossa vida em que a dor é tão aguda que nada parece responder às necessidades que temos. Onde encontrar a resposta que faz calar o coração? Nem sempre as perguntas podem ser respondidas com palavras. Há casos em que, humanamente, a solução é impossível, como por exemplo, a morte de alguém, ou uma doença incurável. Esta é a hora quando só Deus é a resposta. Neste livro, você vai redescobrir a oração e, através dela, o quanto Deus é apaixonado por você. A resposta de muitas perguntas suas será encontrada aqui. É na oração que você vai encontrar aquilo de que está necessitando agora, inclusive as coisas de que nem sabia que precisava.

Impresso em papel chamois bulk dunas 90 g/m² por
Editora Parma. Maio de 2008.